다음커뮤니케이션의 전략적 인사관리

서울대학교 경영연구소
기업경영사연구총서 29

다음커뮤니케이션의 전략적 인사관리

펴낸곳 서울대학교출판문화원
펴낸이 오연천
지은이 김성수

초판 1쇄 발행 2011년 2월 25일
초판 2쇄 발행 2011년 7월 15일
출판등록 제15-3호

주소 서울 관악구 관악로 599 우편번호 151-742
대표전화 02-880-5252 **팩스** 02-888-4148
마케팅팀(주문상담) 02-889-4424, 02-880-7995
이메일 snubook@snu.ac.kr
홈페이지 www.snupress.com
영문홈페이지 eng.snupress.com

ISBN 978-89-521-1205-7 94320
세트 978-89-521-1016-9

본 연구총서는 서울대학교 발전기금 연구비 및
서울대학교 경영연구소 연구비 지원에 의하여 이루어졌음.

서울대학교 경영연구소 기업경영사연구총서 29

다음커뮤니케이션의 전략적 인사관리

김성수 지음

서울대학교출판문화원

Strategic Human Resource Management at Daum Communications

Seongsu Kim

Seoul National University Press

머리말

지난 10여 년간 애플, 구글과 같은 글로벌 기업은 창조적 혁신에 기반한 제품/서비스의 개발을 통해 뛰어난 성과를 보여주어 왔다. 지난 10년간 눈부신 약진을 해온 한국의 많은 기업들도 이를 지속하기 위해서는 계속된 창조적 혁신이 중요하다고 인식하고 전략과 조직문화의 변화를 추구하고 있다.

본서는 창조적 혁신의 한 축을 이루는 조직문화 및 인적자원관리에 초점을 맞추고 있다. 즉, 창의적 인적자원관리를 위해 경쟁가치모형을 이용한 인적자원관리 체계에 대해 설명하고 이를 다음커뮤니케이션에 적용하여 어떻게 조직의 창의성이 관리될 수 있는지 설명하고자 한다. 다음커뮤니케이션은 국내 인터넷 산업을 일으킨 창조적 기업이며 현재도 시장의 혁신을 주도하는 기업이다. 먼저 본서는 창의적 인적자원관리의 중요성에 대해 논의를 시작한다. 그리고 창의적 인적자원이 자원기반관점에서 주장하는 지속 가능한 경쟁우위의 조건 네 가지–가치성, 희소성, 불완전한 모방성, 대체불가능성–을 잘 충족시키는지를 논의한다. 나아가 그러한 자원을 창조하고 활용하는 주체 역시 인적자원임을 동태적 능력관점에서 설명한다.

창의적 인적자원을 보유, 개발하기 위한 방안으로 본서는 '창조적 긴장'의 조직문화를 제안한다. '창조적 긴장'의 조직문화는 경쟁하고 있는 네 가지 조직문화 유형–혁신형, 시장형, 공동체형, 위계형–의 긴장관계 속에서 외부지향성에 초점을 두고 이들을 조화롭게 관리하는 것으로 정의된다. 이러한 정의에 기반하여 '창조적 긴장'의 조직문화 구축에 적합한 전략적 인적자원관리를 제안한다.

본서는 매우 빠른 사업환경 변화를 겪고 있는 인터넷산업에서 창의적 인적자원의 중요성이 더욱 중요하다는 데 착안하였다. 특히, 다음커뮤니케이션은 한국 인터넷업계의 선두주자로서 창조적 혁신을 거듭해온 기업이다. 현재도 창조적 혁신을 거듭하며 많은 기업에게 영감을 주는 기업으로 인정받고 있어 다음커뮤니케이션을 본서의 사례 기업으로 채택하였다.

논의의 서두에서 인터넷 서비스 시장에서 다음커뮤니케이션의 위상을 다각도로 살펴보고, 다음커뮤니케이션의 경쟁구도를 조사함으로써 다음커뮤니케이션의 현황을 소개한다.

나아가 다음커뮤니케이션의 현재 조직문화를 파악하는 설문조사 결과를 제시하고 논의하였다. 설문조사는 전사원을 대상으로 실시되었으며, 분석결과에는 다음커뮤니케이션 조직 전체의 조직문화를 포함하여 직책별, 직군별, 근무지역별 조직문화가 포함되어 있다.

마지막으로, 본서는 창조성에 대한 선입견을 극복하고 '창조적 긴장'의 조직문화를 구축하기 위한 시도들을 다양하게 제시한다.

이 책의 출간을 위해 자료를 정리하고 문장을 가다듬은 산업연구원의 조진환 연구원(서울대학교 경영학 석사)의 도움을 잊을 수 없다. 이 자리를 빌어 깊이 감사드린다. 마지막으로, 이 책을 통하여 한국 기업이 세계 시장에서 혁신의 선도자로 우뚝서서 세계 경제를 이끌어가는 강력한 선도 기업이 되는데 조그마한 도움이라도 되기를 바란다.

2011년 2월

관악 캠퍼스 연구실에서

김성수

차 례

표차례

그림차례

제 I 장

인적자원의 중요성에 대한 이론적 기반

인적자원의 중요성을 강조하는 이론 중 가장 뒷받침되는 자원기반관점과 동태적 능력관점을 논의하기로 한다.

1 자원기반관점

기업의 경쟁력을 자원의 관점에서 바라본 주요한 이론은 '자원기반관점(resource-based view)'이다. '자원기반관점'에 따르면 어떤 기업이 경쟁기업과 비교하여 '지속가능한 경쟁우위(sustainable competitive advantage)'를 갖추기 위해서는 특정한 성질을 가지는 자원(resource)을 기업 내부에 보유해야 한다. '자원기반관점'의 대표적 연구자인 바니(Barney, 1991)는 그 자원의 특성을 네 가지로 요약하고 있다.

우선, 자원은 그 자원을 보유한 기업에게 고유한 가치(value)를 줄 수 있어야 한다. 수려하고 미끈한 스포츠카를 만드는 자동차 회사의 경우 차의 디자인과 성능이 고객에게 호소하는 가치를 가지고 있다. 이 회사의 설계 능력, 고성능 엔진 제작 능력 등이 주요한 자원이 된다. 다음커뮤니케이션이 창조해낸 신규서비스에도 이러한 예를 쉽게 적용할 수 있다. 만약 다음커뮤니케이션이 '사용자제작 콘텐츠(UCC)'를 웹사이트를 통해 공유하는 기존의 방식보다 훨씬 편리한 사용자 친화적인 방법을 개발했다고 하자. 그 방법은 소비자에게 매우 감흥을 줄 수 있고, 이를 통해 다음커뮤니케이션은 큰 수익을 추구할 수도 있기 때문에 이는 다음커뮤니케이션에게 가치가 있다고 할 수 있다. 종합해서, '가치 있음'이 자원기반관점에서 이야기하는 지속가능한 경쟁우위가 되기 위한 자원의 첫 번째 조건이다.

둘째, 한 기업에게 가치를 지니는 자원이 시장에 드물게 존재(rareness)하여 경쟁기업 등이 그러한 가치를 생성하기 어려워야 한다. 앞의 스포츠카를 만드는 자동차 회사의 예를 확장해보자. 만약에 그러한 미끈한 외형을 만드는 제조 능력이 한 회사가 아닌 여러 회사에 동시에 존재한다면 그 능력은 어떤 한 회사의 지속가능한 경쟁우위로 작용하기 어렵다. 왜냐하면 소비자들에게는 굳이 어떤 특정회사의 제품을 구매할 이유가 없기 때문이다. 다음커뮤니케이션이 개발한 소비자 친화적인 신규서비스 역시 알고 보았더니 비슷한 시기에 진출한 기업들이 유사한 서비스를 제공 중이라면, 그 서비스가 아무리 소비자에게 그리고 기업에게 가치가 있는 것일지라도 다음커뮤니케이션의 지속가능한 경쟁우위로 작용하기 힘들 것이다. 요약해서, '드물게 존재'가 자원기반관점에서 논의되고 지속되는 경쟁우위가 되기 위한 자원의 두 번째 조건이다.

하지만 시장에 그러한 가치를 창출할 수 있는 자원이 드물게 존재하더라도, 그러한 자원이 쉽게 다른 기업에 의해 모방 가능하다면 그러한 자원은 금방 드물지 않게 될 것이다. 따라서 그 자원은 경쟁기업에 의해 쉽게 모방되지 않아야 한다(imperfect imitability). 다시 앞의 자동차 공장 및 다음커뮤니케이션의 예를 확장해보자. 미끈한 스포츠카를 만드는 제조 능력이 가치가 있고 드물었으나, 경쟁기업에 의해서 손쉽게 모방이 가능하다면, 경쟁기업들이 이 능력을 금새 보유하게 되고 지속가능한 경쟁우위를 가져다 주기 힘들 것이다. 또한 다음커뮤니케이션이 개발한 사용자 친화적인 신규서비스 역시 가치가 있고 드물었으나, 시장에 나온 후에 얼마 안 있어 경쟁기업들이 그것을 모방할 수 있다면 다음커뮤니케이션에 지속가능한 경쟁우위를 가져다 주기 힘들 것이다. 정리하자면, '불완전한 모방성(imperfect imitability)'이 자원기반관점에서 논의되는 지속가능한 경쟁우위로 작용하는 자원이 되기 위한 세 번째 조건이다.

그러나 어떤 자원이 드물게 존재하고 모방이 어려운 가치 있는 자원이라고 하여 그것이 지속가능한 경쟁우위를 낼 수 있다는 생각에는 다음과 같은 반론이 존재한다. 거의 동일한 가치를 생성해낼 수 있는 원래의 자원을 대체할 수 있는 자원이 다른 경쟁기업에 존재할 수도 있다는 것이다. 사용자 친화적인 방법을 사용하는 신규 다음커뮤니케이션의 서비스가 가치가 있고 모방이 어렵다고 하여도, 또 다른 비슷한 가치를 소비자에게 전달하는 서비스에 의해 대체될 수 있다면, 다음커뮤니케이션이 그 신규서비스를 통해서 지속가능한 경쟁우위를 창출하기란 매우 힘들 것이다. 따라서 지속가능한 경생우위를 창출하기 위해서는 그 자원은 다른 자원에 의해서 가치가 대체되기 힘든 것이어야 한다(substitutability). 이것이 자원기반관점에서 논의되는 지속가능한 경쟁우위를 창출하는 자원이 되기 위한 마지막 조건이다.

〈그림 Ⅰ-1〉 지속가능한 경쟁우위의 조건

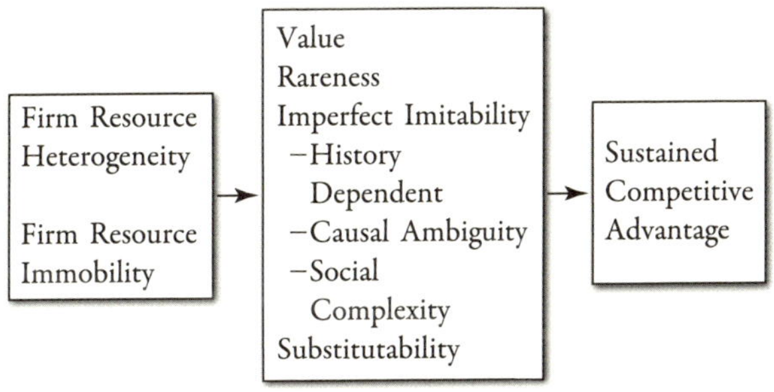

출처: Barney(1991)

2 동태적 능력관점

최근 들어, 자원기반관점이 자원의 특성만을 언급하는 데에서 나오는 한계를 극복하기 위해서 동태적 능력관점(dynamic capabilities framework)이 각광받고 있다. 동태적 능력관점에서는 자원 그 자체가 아니라, 지속가능한 경쟁우위를 창출할만한 자원을 어떻게 만들어내고 어떻게 이용할 것인가에 초점을 맞추고 있다. 동태적 능력은 여러 학자들에 의해 다양하게 정의되는데 대표적으로 세 가지를 소개하도록 하겠다. 티스·피사노·슈엔(Teece, Pisano, & Shuen, 1997)은 빠르게 변화하는 환경에 대응하기 위해서 기업이 가진 역량들을 신속히 만들고, 결합하고, 재배치하는 과정에 대한 기업의 능력이 동태적 능력이라고 정의한다. 아이센하르트와 마틴(Eisenhardt & Martin, 2000)은 시장의 변화에 발맞추기 위해 자원을 획득하고, 통합하고, 재결합하고, 내보내는 기업의 프로세스에 초점을 두어 동태적 능력을 설명하고자 한다. 졸로와 윈터(Zollo & Winter, 2002)는 동태적 능력이 학습된 그리고 안정된 기업의 집단적 활동패턴으로, 조직이 체계적으로 조직효과성을 향상시키기 위해서 운영활동들을 발생시키고 수정할 수 있다고 한다.

요약하면, 자원기반관점은 지속적 경쟁우위를 창출하는 자원이 어떤 특성을 지녀야 하는지에 대해서 기술하였고, 동태적 능력관점은 그러한 자원을 어떠한 프로세스를 거쳐서 창출하고 이용하는지에 초점을 둘 필요성을 강조하였다. 예를 들어, 다음커뮤니케이션의 입장에서, 독창적인 인적자원 그 자체는 자원기반관점의 네 가지 조건－가치성, 희소성, 모방의 어려움, 대체의 어려움－을 만족시키는 자원으로 작용한다고 할 수 있다. 하지만 이러한 자원을 지속적으로 창조하고 유지하고 이용하는 데 필요한 창의적인 조직문화, 경영진의 능력 및 인적자원관리제도와 같은 조직의 프로세스들은 동태적 능력의 관점에서 이해할 수 있다.

앞으로 이 글은 조직이 가진 자원들 중에서 인적자원에 초점을 맞추어

〈그림 I-2〉 동태적 능력과 기업 성과

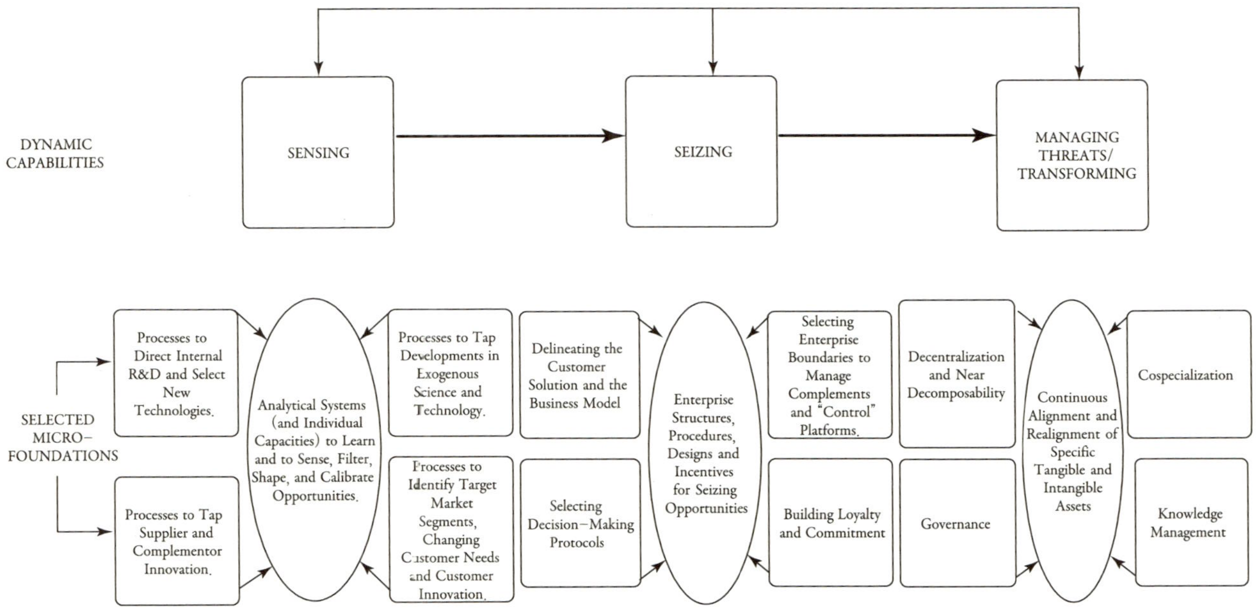

출처: Teece(2007)

왜 인적자원이 지속가능한 경쟁우위로 작용할 수 있으며, 그것을 어떻게 창출하고 유지시킬지에 대해서 논의하고자 한다. 인적자원은 조직의 계속된 발전을 보장하는 자원 그 자체이기도 하지만, 다른 조직에 필요한 자원을 창출하고 이용하는 조직의 동태적 능력의 주체이기도 하기 때문에 여러 학자들이 장기적 관점에서 기업의 가장 중요한 변수라고 주장하고 있다.

3 창의적 인적자원의 중요성

자원기반관점 및 동태적 능력관점에 대한 실무진과 전략 연구자들의 관심이 높아짐에 따라 자원의 자리에 혹은 자원을 창출하고 이용하는 능력의 자리에 무엇이 위치할지에 대한 관심 역시 증가하고 있다. 기업이 보유하고 있는 특허, 도저히 경쟁기업이 따라올 수 없는 시장에서의 선점적 위치, 쉽게 흔들리지 않을 고객의 기업에 대한 충성도 등과 같은 자원 역시 기업의 장기적 생존을 도와주는 중요한 자원으로 논의될 수 있겠지만 (Wenerfelt, 1984), 이 글은 본 논의에서 보다 근원적인 자원인 인적자원에 초점을 두고 논의를 진행하고자 한다. 왜냐하면 인적자원은 그 자체로서뿐만 아니라, 다른 자원을 개발하는 주체로서 작용하기 때문이다. 나아가 기존에 가지고 있던 조직의 자원이라고 여겨지던 것들이 더 이상 효력을 발휘할 수 없을 때 또 다른 자원의 창출로 이를 극복할 수 있게 하는 원동력이 인적자원이기도 하다. 즉, 자원기반관점 및 동태적 능력관점에서 말하는 자원을 생성하고 기능하게 하는 것은 창의적 인적자원이다.

제 II 장

창의적 인적자원을 보유, 개발하는 방법:
‘창조적 긴장’ 조직문화와 전략적 인적자원관리

창의적 인적자원을 보유하고, 개발하기 위한 방법으로 이 글은 ‘창조적 긴장’의 조직문화와 인적자원관리를 제시할 것이다. 본 서에서는 ‘창조적 긴장’의 조직문화를, 조직문화 변화를 위해 널리 쓰이는 조직진단 기법 중의 하나인 경쟁가치모형(competing values framework)에 기반하여 정의하였다. 따라서 경쟁가치모형에 대한 이해가 우선적으로 필요하다.

1 경쟁가치모형

경쟁가치모형은 조직이 중시하는 가치를 두 가지 차원으로 분류한다. 첫 번째 차원은 유연성과 자율성 대 관리와 안정성이다. 어떤 조직은 유연하고 자율적인 분위기를 중시하는 반면에, 다른 조직은 관리가 잘 된 안정적인 분위기를 중시한다. 두 번째 차원은 내부적 유지 및 통합 대 외부적 위치 및 차별화이다. 어떤 조직은 조직 외부의 상황에 대한 민첩한 반응을 보다 중시하는 반면에, 다른 조직은 외부의 상황보다는 조직 내부의 통합과 유지를 중시한다. 경쟁가치모형의 두 가지 차원에 각각 소속되어 있는 가치들을 동시에 기업이 달성하기란 어렵다. 조직이 유연한 동시에 안정적이란 쉽지 않은 일이다. 또한 조직이 내부적으로 잘 통합되어 있는 동시에 외부 환경이 변화에 민첩하게 반응하기 역시 어렵다. 따라서 경쟁가치모형의 두 가지 차원에 각각 소속되어 있는 가치를 경쟁가치라고 부른다. 이 두 가지 차원을 축으로 격자를 그려보면 〈그림 Ⅱ-1〉과 다음과 같이 네 개의 조직문화 유형을 도출할 수 있다.

내부적 통합과 유지를 중요시하는 공동체형 문화와 위계형 문화에도 차이점은 존재한다. 그 내부적 통합이 개인의 의견을 세심하게 배려하며 달성되도록 한 것이라면 그것은 공동체형 문화라 할 수 있다. 하지만 그 내부적 통합을 전체적인 조직 통제에 초점을 맞추어 이루려고 하는 것이라면 그것은 위계형 문화이다. 외부 시장과의 밀접한 조율에 관심을 두는 조직문화 유형인 혁신형 문화와 시장형 문화에도 차이점은 존재한다. 시장형

〈그림 Ⅱ-1〉 경쟁가치모형을 이용한 조직문화 유형

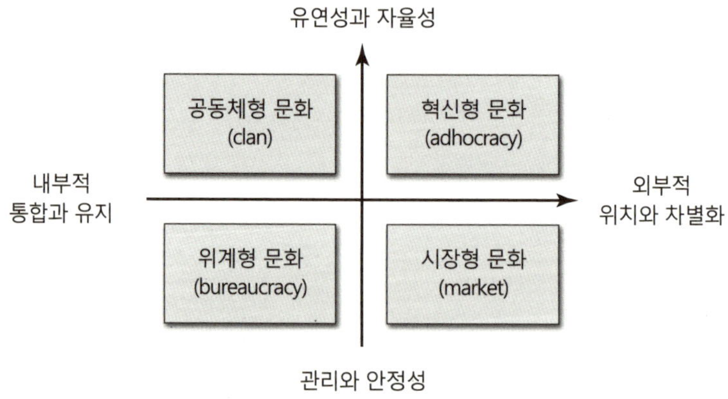

출처: Kim S. Cameron, & Robert E. Quinn(1999).

문화에서는 혁신형 문화보다 통제와 안정성을 강조한다.

이 네 가지 조직문화 유형이 차별적 개념이라고 할지라도, 어떤 조직이 단 한 가지의 조직문화를 배타적으로 가지지는 않는다. 현실의 조직에는 이 네 가지 조직문화들이 혼합되어 존재한다. 왜냐하면 이 네 가지 조직문화 유형은 조직이 처한 상황에 따라 모두 그 나름의 가치가 있기 때문이다. 많은 경우에 시장의 필요에 적합한 혁신을 이루어내지 못하는 기업은 곧 도태되겠지만, 경쟁이 거의 없고 외부에 수요가 꾸준히 있는 상황(예: 공기업)이라면 내부적 통합이 기업의 원활한 운영에 보다 도움이 될 것이다. 시장의 필요에 적합한 혁신이 필요한 경우라도, 기업이 단기적 성과에 매우 집중해야 하는 입장이라면 시장형 문화가 절실하겠지만, 좀더 중장기적 미래를 준비하는 입장이라면 혁신형 문화가 요구될 것이다.

2 '창조적 긴장'의 조직문화

이 네 가지 조직문화의 유형이 조직 내부에 동시에 존재하며, 상황에 따라 그들의 이상적인 조합이 변화하는 것이다. 하지만 어떤 조직문화의 조합이 현대의 빠른 변화를 겪고 있는 기업들에게 적합할 것인가라는 질문에 적절한 답을 찾을 수 없는 것일까? 특히 다음커뮤니케이션과 같은 인터넷 기업에게는 어떤 조직문화가 기본이 되어야 할까? 생존과 번영을 이루려 사투를 벌이는 현대 첨단 기업들의 절박한 조직문화 구축 노력에서 이 질문에 대한 답의 힌트를 얻을 수 있다.

아이맥, 아이팟, 아이폰과 같은 전세계적 히트작으로 유명한 애플은 그 이전부터 지난 수십 년간 존경을 받아왔다. 애플은 사업단계에 따라 여러 번 조직문화 변천을 겪었는데(〈그림 Ⅱ-2〉 참조), 1970년대 창업기에는 네 가지 조직문화 유형 중에 혁신형 조직문화가 가장 강했고, 공동체형 조직문화는 꽤 있는 편이었으며, 위계형 및 시장형 조직문화는 매우 약했다. 하

〈그림 Ⅱ-2〉 애플의 조직문화 변천

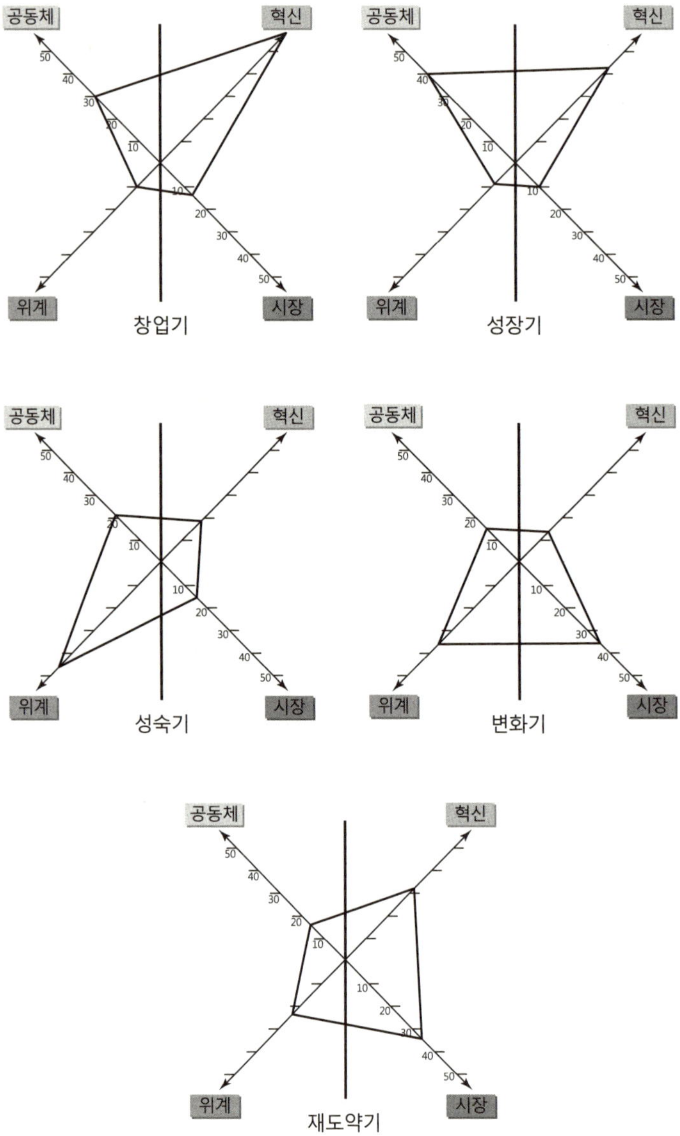

출처: Kim S. Cameron, & Robert E. Quinn(1999). 재도약기는 Cameron의 진단에 기초함.

지만 1980년대 성장기와 성숙기를 겪으며 조직 내부를 조정할 필요가 높아졌다. 처음에는 자율성을 강조하며 공동체형 조직문화가 성장하였으며 나중에는 위계형 조직문화가 강해진 조직이 되었다. 이 기간 중 창업자 스티브 잡스가 축출되고 이어 1990년대 외부 시장의 변화 속에서 단기적 조직성과가 강조됨에 따라 시장형 조직문화가 조직 내부에 퍼졌다. 그리고 2000년대 재도약기에는 혁신형 및 시장형 조직문화가 강해진 조직문화를 갖게 되었다. 그렇지만 공동체형 및 위계형 조직문화도 어느 정도 간직하고 있었다. 재도약기의 애플의 조직문화는 외부지향적인 형태를 띠고 있으나 외부지향성을 해치지 않는 정도에서 내부의 통합도 관리하려는 의지를 보이고 있다. 그리고 외부지향적인 면에서도 단, 장기 성과 모두에 신경을 쓰고 있음을 알 수 있다.

애플의 조직문화 변천에 대한 그림을 볼 때, 애플의 현재 조직문화 형태는 혁신형 및 시장형을 공동체형 및 위계형보다 중요시한다는 것을 알 수 있다. 하지만 애플 재도약기의 조직문화 형태는 다른 시기의 애플 조직문화 형태에 비해 극단적인 모습을 띠고 있지 않다. 즉, 애플은 현재 조직의 내부적 통합에도 주의를 기울이고 있다.

혁신형 조직문화 유형을 강조하는 것은 이제 현재의 경쟁상황에서 고분분투하는 기업들에게 보편적인 추세라고 할 수 있다. 구글은 사원의 대부분을 평균 인원이 3, 4명인 팀에 배치하고 있다. 많은 사업 가능성이 존재하는 인터넷 환경에서 신선하고 혁신적인 아이디어들이 팀원들로부터 나올 수 있도록 자유로운 토론 분위기를 조성하려는 처사이다. 심지어 혼다는 '올해의 실패왕', BMW는 '이 달의 창의적 실수상'을 두어, 비록 실패한 사업이었다 할지라도 그 사업아이디어의 혁신성이 인정될 경우에 이를 포상해준다. 삼성의 '창조경영', LG의 '창의와 자율의 조직문화'라는 슬로건을 통해 볼 때, 혁신형 조직문화를 강조하려는 의도는 한국의 대기업들에게서도 흔히 나타난다.

시장형 조직문화 유형 역시 현대의 기업들에게 일반적이다. GE는 자유로운 경쟁, 냉혹한 평가, 그에 따른 보상을 통해 시장형 조직문화 유형을 뿌리내리도록 노력하고 있다. 구글은 창의적인 서비스를 성공적으로 제공한 팀에게는 수십 억 원에 달하는 성과급을 지급하는데 이는 시장형의 조직문화를 조직 내에 조성하려는 의도에서 나온 제도이다.

혁신형 및 시장형 조직문화 유형을 강조하는 현대 기업들의 시도는 생존과 번영에 대한 절박함에서 나오는 것이다. 하지만 이러한 기업들의 외부지향적 태도는 기업 내부 통합에 기반을 둔 상태에서 이루어지는 것이라고 여겨진다. 애플과 같은 기업은 그 조직문화 역사를 두고 볼 때, 공동체형 및 위계형 조직문화를 강조하는 시기를 거치며 이것의 중요성에 대해서도 인지하고 있다. 삼성과 LG 같은 한국 대기업들도 철저한 내부 관리 노력을 하고 있다.

요컨대, '창조적 긴장'의 조직문화란 것은 경쟁하고 있는 네 가지 조직문화 유형의 긴장관계의 조화로운 관리를 뜻한다. 그 속에서도 많은 글로벌 기업은 우선순위를 혁신형 및 시장형 조직문화의 달성에 두고 있다. 이런 조직문화만이 유일한 길은 아니지만, 시장형 조직문화를 추구하던 많은 기업들이 혁신형 조직문화를 가미하려는 노력을 하고 있다.

3 전략적 인적자원관리

'창조적 긴장'의 조직문화를 어떻게 가능하게 할지에 대한 한 가지 대안으로 본서에서는 전략적 인적자원관리를 제안한다. 전략적 인적자원관리라는 연구분야는 인적자원 그 자체, 인적자원관리 제도 및 시스템, 인적자원부서의 전략 기획에의 참여 등이 기업의 최종 성과에 어떻게 연결될 수 있는지를 탐구한다. 기업의 전략과 일치하는 인적자원 및 인적자원관리를 적용하는 것, 인적자원관리 제도들 간의 조화를 추구하는 것이 기업의 최종성과에 도움이 된다는 전략적 인적자원관리의 논리가 본서에 사용되었다.

본서는 '창조적 긴장'의 조직문화를 다음커뮤니케이션이 추구하는 기업

전략의 핵심 중 하나로 설정하고, 이와 일치하는 인적자원, 인적자원관리, 인사부서의 전략적 참여 등이 어떠해야 할지에 대해 논한다. 이러한 일치는 인적자원관리 제도들 상호간의 내부적 일치와 그들과 기업전략과의 외부적 일치를 포괄한다.

4 고성과 작업제도

전략적 인적자원관리의 연구자들은 인적자원이 궁극적인 기업의 성과에까지 장기적인 관점에서 큰 역할을 할 수 있다는 시각을 가지고 있다. 또한 그들은 인적자원관리가 단지 조직 전략에 수동적으로 반응하는 존재가 아니라, 조직의 전략을 만들어 나가는 적극적 역할을 도모할 수 있다고 믿고 있다. 이러한 그들의 믿음 아래, 전략적 인적자원관리의 연구자들은 어떤 인사제도들이 기업의 성과에 더욱 긍정적인 영향을 미치는지에 관심을 가져왔다. 어떤 특정한 인사제도들은 조직이 처한 상황에 상관없이 항상 조직의 성과를 향상시킬 수 있는 것으로 전략적 인적자원관리의 여러 연구자들에 의해 실제 기업데이터 분석을 통해 증명된 바 있다. 이런 제도들의 묶음을 전략적 인적자원관리 연구자들은 '고성과 작업제도(high performance work practices)'라고 부른다. 논의되는 맥락에 따라서 고몰입 작업제도(high commitment work practices) 내지는 고관여 작업제도(high involvement work practices) 등으로 불리기도 하는데 이들은 대개 유사한 제도들로 이루어져 있기 때문에 이를 통칭하여 '고성과 작업제도'라고 부르도록 하겠다.

고성과 작업제도는 기업의 사원들이 보유하고 있는 지식 및 역량을 극대화할 수 있고, 그들이 자발적으로 조직에 기여하도록 동기부여할 수 있는 제도들로서 그 구성요소에 대해서 어느 정도의 차이가 있을 수 있으나, 대개 그들은 정책수준에서 다섯 가지 영역으로 분류될 수 있다. 이 다섯 가지 영역에 대한 순차적인 이해가 이들이 어떻게 조직되어 있을 때 '창조적 긴장'의 조직문화를 가장 잘 창조할 수 있을지에 대한 논의를 하는 데 배경지식으로 활용될 것이다.

첫째, 선별적 채용이다. 어떤 하나의 조직의 현재 열려 있는 직책에 맞는 사람을 선별하기 위해서 최대한 다양한 이용 가능한 방법들을 모두 동원하는 것이 여기에 해당한다고 하겠다. 어떤 직책에 꼭 맞는 사람을 채용하기 위해서 얼마나 오래 조직이 기다려줄 수 있는지, 그러한 채용 의사결정에 얼마나 많은 전문가들이 참여하는지, 얼마나 많은 돈이 한 사람을 채용하기 위해 사용되는지가 이를 판별할 수 있는 주요 수단이다. 즉, 이는 기업이 사원들을 구성하고 체계를 갖추어감에 있어서 시작부터 잘해야 하는 것이 얼마나 중요한지에 대해 이야기해준다. 조직에 가장 적합한 사람—성격, 능력, 자질과 같은 측면에서 조직이 원하는 인재상이 존재한다. 그런 인재상에 실질적으로 적합한 사람으로 조직의 인원을 충당해야지 그들이 조직이 원하는 형태의 능력을 발휘하여 조직의 성과에 기여할 수 있을 것이다. 따라서 공을 들인 선별적 채용이 고성과 작업제도의 첫 번째 구성요소로 인정받고 있다.

둘째, 포괄적 교육훈련이다. 이는 조직의 사원들이 얼마나 다양한 교육훈련을 받는지, 즉, 그들이 조직의 투자 대상으로서 대우를 받고 있는지를 의미한다. 조직에서 시행되고 있는 교육 및 훈련의 절차가 얼마나 체계적으로 갖추어져 있는지, 총 사원 중 얼마나 많은 사원들이 기업의 교육훈련에 참여하고 그 시기는 1년 중에 얼마나 되는지, 포괄적으로 사원들을 교육시키기 위해서 자금은 얼마나 들어가는지가 이를 보여주는 중요한 지표이다. 조직의 사원들은 교육을 통해 자신들의 역량이 증대되고 시장가치가 증가할 때 조직에게 자발적인 헌신을 보일 것이다. 조직에 의해 실시되는 교육훈련이 포괄적이고 잘 정비되어 있을 때 조직의 사원들은 자신의 현재 및 잠재 가치가 인정받고 있다고 느낄 것이다. 또한 교육훈련은 조직의 사원들은 교육훈련을 통해 다재 다능한 역량을 갖추어 다양한 업무환경에 유연하게 적응할 수 있고, 이러한 교육훈련을 바탕으로 하여 또 새로운 학습의 기회가 있을 때 그것을 보다 빠르고 수월하게 흡수할 것이다.

셋째, 개발적 성과평가이다. 성과평가의 방법은 평가 그 자체를 위한 것일 수도 있고 평가를 받는 이를 개발, 발전을 도모하기 위함일 수도 있다. 기업이 어떤 태도를 취하여 사원들을 평가하는 데에서 이것은 사원들에 의해 손쉽게 감지될 수 있다. 사원들이 조직이 자신의 잠재가치를 믿어주어 그것을 개발시키기 위해서 평가를 실시한다고 믿을 때 그러한 성과평가는 사원들의 능력을 더욱 향상하고 동기 부여시키는 원동력일 수 있지만, 단지 사원들을 성과에 따라 줄을 쭉 세워놓고 재단하기 위함이라면 사원들은 평가의 결과에만 신경을 쓰게 되고 많은 불만족을 갖게 될 가능성이 높다. 따라서 개발적 성과평가는 고성과 작업제도의 중요한 한 요소로 자리매김하고 있다.

넷째, 납득할만한 보상시스템이다. 이는 현재 기업의 보상이 얼마나 다른 기업에 비해서 얼마나 경쟁력 있는 수준인지, 또한 그것이 얼마나 그 조직의 지난 시절의 보상보다 상승했는지를 의미한다. 다른 비슷한 업무를 수행하는 기업에 비교할 때 그 기업의 보상이 경쟁력 있는 수준이고, 그 기업의 지난 시절에 비해 보상의 정도가 적절히 증가했을 때, 그 기업의 보상시스템이 납득할만하다고 한다. 자기가 하는 일에 비해 높은 보상을 받고 있는 사원은 그렇게 좋은 조건의 조직에서 계속 살아남기 위해서 더 열심히 일을 열심히 수행하게 되는 것은 물론이거니와 사람은 자신에게 주어진 기대를 충족시키고자 하는 충동을 가지고 있다. 따라서 납득할만한 보상시스템이 고성과 작업제도의 중요한 구성요소이다.

다섯째, 성과 기반의 보상이다. 이는 어떤 한 사원이 자신이 낸 성과에 대해, 자신이 소속된 팀이 낸 성과에 대해, 자신이 소속된 기업이 낸 성과에 대해 자신이 그 성과에 기여한 만큼 공정하게 보상받는 것을 뜻한다. 다양한 형태의 단기적, 장기적 인센티브 제도들이 여기에 속한다. 하지만 팀 및 조직성과에 대해 어떤 개인이 그 공로를 인정받을 때 무임승차효과(free riding effect)가 발생할 수도 있고 그 개인이 기여한 만큼을 정확히 계량화하기 힘들다는 문제 등이 발생할 수 있다. 하지만 분명한 것은 어떤 조직 내에 성과에 기반한 보상이 존재해야 한다는 것은 인정되고 있다. 그래야지 개인이 열심히 노력하면 자신이 노력한 만큼에 대해 보상을 받을 수 있을 것이라는 기대가 존재할 수 있기 때문이다. 따라서 부작용을 극소화한 성과 기반의 보상을 고성과 작업제도의 한 가지 영역으로 간주할 수 있다.

5 '창조적 긴장'의 조직문화 구축에 적합한 전략적 인적자원관리

지금까지 전략적 인적자원관리에서 자주 언급되는 고성과 작업제도가 무엇인지, 그 세부 구성은 어떻게 되는지 살펴보았다. 이러한 일반적인 논의를 '창조적 긴장'의 조직문화의 맥락에서 좀더 구체화시켜 보자.

'창조적 긴장'의 조직문화를 잘 구축해서 유지해 나가기 위해서는 일차적으로 선별적 채용이 이루어져야 한다. 따라서 '창조적 긴장'의 조직문화 구축, 유지에 요구되는 인재상에 대한 확립이 일차적으로 요구된다. 본서에서는 '창조적 긴장'의 조직문화를 혁신형 및 시장형 조직문화의 달성을 최우선으로 하되, 이 둘을 해치지 않는 범위에서 위계형 및 공동체형 조직문화를 유지하여, 네 가지 조직문화들 간의 조화를 이루는 것이라고 정의하였다. 따라서 '창조적 긴장'의 조직문화 구축에 요구되는 인재상은 조직 발전에 대한 어떤 편중된 가치관을 지니지 않고, 포용적인 태도를 가져야 할 것이다. 또한 구성원은 조직문화에 대한 가치가 충돌할 때에, 서로의 필요성을 존중하지만, 중요성의 선후관계를 명확히 인지하고, 이를 행동에 반영할 수 있는 사람이어야 할 것이다. 이러한 인재상이 확립되었다고 할지라도, 이런 사람을 채용하는 데에는 많은 노력이 필요하다. 직장에서 근무할 수 있는 기본 역량이 있어야 하며, 이를 넘어서 채용 후보자가 앞서 언급한 태도를 지니고 있는지를 파악할 수 있는 체계적인 절차가 요구된다. 실제로 측정하고자 하는 바를 최대한 근접하게 측정해내는 인적성 검사, 장기간에 걸친 심층면접 혹은 인턴 제도 등이 그것의 한 예이다. 시간, 자금, 들일 수 있는 노력 등에는 기회비용이 발생할 수 있기에 이것에만 관심을 두고 있을 수는 없다는 것이 제약으로 작용할 수 있다.

이제 고성과 작업제도의 두 번째 항목인, 포괄적 교육훈련을 '창조적 긴장'의 조직문화라는 맥락에서 살펴보자. '창조적 긴장'의 조직문화를 창달하기 위해서는 직원에 대한 교육훈련에도 관심을 기울여야 한다. 어감상 여기서 언급되는 교육훈련이 하향식 하달로 여겨질 오해가 있다. 이 교육훈련은 경영진에 의한 조직 위로부터의 개혁만을 언급하지 않는다는 것에 주의해 주길 바란다. 이러한 주의점을 염두에 두고 '창조적 긴장'의 조직문화 육성을 위한 교육훈련이 무엇을 말하는지에 대해 본 논의를 시작해보자.

우선 전 직원을 대상으로 하여 해당 조직이 목표로 하고 있는 조직문화를 지속적으로 소통하여 정의하고 교육해야 할 것이다. 본서에서 이는 '창조적 긴장'의 조직문화를 말한다. 다음으로, 그러한 조직문화 안에서 각각의 조직구성원들이 어떻게 어떤 창의적 성과를 낼 수 있을지에 대해서 소통할 필요가 있다. 이를 위해서는 직원들이 자기 자신을 알도록 장려하는 교육을 실시해야 할 것이다(예: Arne Dietrich, 2004). 이를 통해 조직구성원들은 자기 자신이 하는 일에 자연스럽게 재미를 느끼고 용기를 가질 수 있게 될 것이다. 재미와 용기를 자연스레 가질 수 있는 일을 하고 있는 사람은 거기에 몰입해 창조적인 아이디어를 낼 수 있는 것은 물론이거니와 그와 관련된 다양한 경험과 지식을 풍부히 하는 데 적극적일 것이다. 창조성을 연구하는 신경과학자들(예: Arne Dietrich, 2004)에 따르면, 당면하고 있는 주세와 관련된 다양한 경험과 지식이 그 특정한 상황에서 창의적 돌파구를 찾아내는 데 그렇지 않은 것보다 도움이 된다고 한다.

'창조적 긴장'의 조직문화를 조성하기 위해서는 개발적 성과평가 역시 간과하기 힘든 요소이다. '창조적 긴장'의 조직문화는 조직 외부에서의 생존에 대한 관심을 우선에 두나, 조직내부의 통합 역시 그에 도움이 되게끔 유지하는 제도이다. 조직 외부에서 조직이 살아남을 수 있도록 조직 구성원의 현 위치를 명쾌히 보여주는 성과평가가 있어야 하겠지만, 현재 성과가 낮다고 하여 함부로 내치는 것도 조직이 바람직하다고 말하기 힘든 부분이 있다. GE의 인사고과에 대한 사례조사를 통해, 냉철하고 현재 지향적인 성과평가가 주의해야 할 점이 무엇인지 살펴보자. GE의 잭 웰치 전 회장은 회장이 된 뒤 'vitality curve(활력 곡선)'를 도입해 성과평가에 따른 인력조정을 실시하고 있었다. 'vitality curve'는 활력곡선으로 번역되는데 이는 경제학자 파레토(Vilfredo Pareto)의 '20 대 80 법칙'에 뿌리를 두는 개념이다. 상위 20%가 부의 80%를 차지하듯이, 핵심인력 20%가 업무의 80%를 담당하고 있으며, 핵심고객 20%가 매출의 80%를 차지한다는 발상에 기반한다. 잭 웰치는 매년 6, 7월경 임직원을 상위 20%, 중위 70%, 하위 10%의 세 범주로 분류했다. 실적이 탁월한 상위 20%에게는 임금인상, 스톡옵션, 승진 등의 보상을 제공했고, 중위 70%에게는 상위 그룹에 소속될 수 있도록 격려 및 지원하는 정책을 실시했으며, 하위 10%는 구조조정의 대상으로 간주했다. 잭 웰치는 중위 70%를 잘 관리해야 한다는 뜻에서 이들을 'vital 70'이라고 명명했으며, 여기서 'vitality curve'라는 용어를 고안했다. 3년쯤 지나 문제직원이 거의 사라졌다고 했어도 잭 웰치는 10% 퇴출을 계속 고수하였는데, 이는 조직이 생기가 없어지는 것을 우려한 그의 전략이었다. 하지만 이러한 잭 웰치의 전략은 실적평가에 대한 오류 가능성, 조직 사기 저하 등의 이유로 비판을 받았다. 심지어 포춘지는 2006년 '웰치의 경영지침서를 찢어버리라'는 공격적인 제목으로, 현재의 능력보다는 조직원의 열정과 영혼을 소중히 하는 것에 대한 기사를 쓴 적이 있다. 잭 웰치의 후계자인 이멜트 회장은 실적이 부진한 직원에 대한 퇴출보다는 팀워크를 강조하는 식의 전략을 쓰고 있다. 웰치식 충격요법이 조직을 단시간에 크게 바꾸어 놓는데 효과적일 수 있다. 하지만 인력조정이 적절히 이루어진 상황이라면 조직 구성원에 대한 성과평가의 결과를 그들의 개발을 위해 사용하여 그들이 불안에 좌절하지 않고 과감히 동기부여 되도록 장려할 필요가 있다.

마지막으로, '창조적 긴장'의 조직문화를 위해서 보상을 어떻게 운영할 필요가 있을지에 대해서 생각해보자. 고성과 작업제도에서는 보상을 납득할만한 보상 및 성과기반의 보상이라는 두 가지 차원에서 설명하고 있다. 보상에 대한 이 두 가지 차원의 설명은 '창조적 긴장'의 조직문화를 잘 대

변하고 있다. '창조적 긴장'의 조직문화에서 언급되는 조직 외부에서의 생존과 관련된 혁신형 및 시장형 조직문화는 성과를 어떻게 정의하느냐에 따라 차이가 있을 수는 있겠지만, 성과기반의 보상에 의해서 일부 구현될 수 있다. 그리고 '창조적 긴장'의 조직문화에서 말하는 조직 내부 통합과 관련된 공동체형 및 위계형 조직문화는 납득할만한 보상에 의해서 설명될 수 있다. 따라서 '창조적 긴장'의 조직문화를 위해서는 성과기반의 보상과 납득할만한 보상, 이 둘 모두를 운영해야 한다.

제 III 장

다음커뮤니케이션의 위상 및 사례 채택의 배경

이제까지의 논의에서, 본서는 창의적 인적자원의 중요성을 이론적으로 뒷받침하였으며, 창의적 인적자원을 보유, 개발하는 방법으로 '창조적 긴장'의 조직문화 및 전략적 인적자원관리를 연계하여 설명하였다. 실제 사례를 들어, 이러한 논의를 보다 사실적으로 살펴보고자 한다. 본서는 매우 빠른 사업환경 변화를 겪고 있는 인터넷산업에서 창의적 인적자원의 중요성이 더욱 부각될 수 있다고 여긴다. 인터넷산업에 속한 많은 기업들 중에서 선도기업인 다음커뮤니케이션을 사례연구의 대상으로 선택하였다. 왜 이러한 선택을 했는지 다음에서 설명한다.

1 다음커뮤니케이션 소개

1) 다음커뮤니케이션 연혁

다음커뮤니케이션은 이재웅 창업주가 초기 멤버 3명으로 사업모델을 구상하는 데에서 시작하여, 약 15명의 사원들과 함께 1995년 회사를 설립하면서 시작되었다. 1995년 2월 창업에서 1997년 5월 '한메일 서비스' 제공 전까지의 시기를 일종의 다음커뮤니케이션의 태동기로 볼 수 있다(이호근 · 이승창, 2003). 이 시기에는 아직 국내에 인터넷 사용을 위한 기본적인 환경이 갖추어져 있지 않았기 때문에 다음커뮤니케이션은 웹호스팅, 웹에이전시, 시스템통합 사업 등과 같은 솔루션 서비스를 제공하는 사업모델을 구축하고 수익을 추구하였다.

1997년 5월 대한민국 대표메일이라고 할 수 있는 '한메일(www.hanmail.net) 서비스'를 시작으로 다음커뮤니케이션은 인터넷 이용자들에게 폭발적인 인기를 누리게 된다. '한메일 서비스' 는 서비스 시작 불과 1년 7개월만인 1998년 12월에 회원 100만 명을 돌파한 것은 물론, 현재는 약 3,800만 명의 회원을 보유하는 다음커뮤니케이션의 대표적인 서비스가 되었다. 이렇게 늘어난 '한메일 서비스' 이용자를 기반으로 하여 다음커뮤니케이션은 점진적으로 광고매출을 얻게 된다. 1997년 5월 '한메일 서비스' 시작에서 1999년 11월 코스닥 상장시점까지를 다음커뮤니케이션의 도약기로 볼 수 있다(이호근 · 이승창, 2003). 이 시기 동안 다음커뮤니케이션은 기존의 시스템통합 사업의 비중을 줄여나가며 인터넷포탈의 기반을 갖추었다.

1999년, 기존의 PC 통신과 완전 차별화된 '다음커뮤니케이션 카페(café.daum.net) 서비스'와 국내 최초 인터넷 포탈인 '다음커뮤니케이션(www.daum.net)'을 선보이게 된다. 사용자 중심의 커뮤니티 서비스인 '다음커뮤니케이션 카페'는 현재 그 갯수가 약 830만 개에 이르며 명실공히 국내 최대 커뮤니티 서비스라 할만하다. 코스닥 상장 이후부터 2002년 말까지의 시기를 다음커뮤니케이션의 성장기로 볼 수 있다(이호근·이승창, 2003). 이 시기 동안에 다음커뮤니케이션은 그때까지의 주요 수입원이었던 시스템통합, 웹호스팅, 웹에이전시 사업분야를 독립적인 자회사의 형태로 분리하고 온라인 사업에 전력을 추구하게 된다. 이 시기부터 다음커뮤니케이션은 수익을 주로 거래형 서비스, 인터넷 쇼핑, 광고매출 등을 통해 추구하게 된다.

이런 메일 및 카페 서비스를 통하여 다음커뮤니케이션은 2000년 8월에는 아시아를 통틀어 야후 재팬에 이어 두 번째로, 국내에서는 최초로 그 페이지뷰가 1일 1억 페이지뷰를 넘어서는 쾌거를 거두게 된다. 야후 재팬이 1억 페이지뷰를 달성하는 데 걸린 시간이 약 네 달인 데 비해 다음커뮤니케이션은 그 기간이 약 두 달임을 고려해볼 때, 다음커뮤니케이션의 성취는 놀랄만하다. 나아가 현재 다음커뮤니케이션은 그 페이지뷰가 1일 8억 3,000만에 이른다. 이를 통해 2002년 말부터 다음커뮤니케이션은 그동안의 적자를 극복하고 본격적인 수익을 내게 된다.

2003년에 이르러 다음커뮤니케이션은 '미디어 다음커뮤니케이션(media.daum.net)'을 세상에 선보이게 된다. '우리가 움직이는 세상, 미디어 Daum'이라는 슬로건 아래 아고라 등 네티즌 쌍방향 커뮤니케이션의 장을 선보이며 '미디어 다음커뮤니케이션' 은 최고의 인터넷 뉴스 서비스의 반열에 오르게 된다. 하지만 2003년 다음커뮤니케이션은 NHN이 지식검색 서비스를 필두로 해서 공격적인 마케팅을 펼침에 따라 위협을 맞게 된다. 검색 서비스 및 키워드 검색광고 시장에서 NHN은 다음커뮤니케이션의 강력한 경쟁자로 떠오르게 되며, 온라인 커뮤니티 시장에서 SK커뮤니케이션에서 운영하는 네이트의 싸이월드가 '다음커뮤니케이션 카페'의 아성에 도전하여 왔다.

2004년이 되어 다음커뮤니케이션은 그간의 경험과 지식을 토대로 하여 일본, 미국을 중심으로 글로벌 시장에 뛰어 들게 된다. 이로서 다음커뮤니케이션은 글로벌 미디어 기업으로의 첫걸음을 내딛게 된다. 일본 파워드컴과 합작법인 '타온'을 설립하여 일본시장에 진출한 뒤, 일본 최고의 커뮤니티 포탈인

'카페스타(www.cafesta.com)'를 선보였으며, 미국 라이코스(www.lycos.com)를 인수하여 세계 시장으로의 본격적인 도약을 준비한다.

2006년에 이르러 '웹 2.0'이 인터넷 산업의 주요 흐름으로 자리잡으면서 '사용자 제작 콘텐츠(UCC, user created contents)가 인터넷 이용자들의 주목을 받기 시작하였다. 이에 다음커뮤니케이션은 2007년에 이르러 일반인들도 양질의 콘텐츠를 직접 제작하고 즐길 수 있는 환경을 조성하였다. 이로써 다음커뮤니케이션의 이용자라면 누구나 손쉽게 동영상을 다음커뮤니케이션에 올리고 공유할 수 있게 되었다. 보다 구체적으로, 다음커뮤니케이션은 'tv팟' 서비스를 제공하며 단순한 쌍방향 커뮤니케이션을 넘어 멀티미디어 기반의 동영상 베타검색서비스를 선보였고, 풍부한 동영상 데이터베이스 구축을 위해서 다양한 전문 동영상 콘텐츠업체들과도 전략적 제휴를 맺었다.

2008년 들어 다음커뮤니케이션은 검색서비스를 중심으로 서비스 역량을 강화하고자 노력하고 있다. 쇼핑 검색, 검색트렌드, 검색쇼 등의 차별화된 신규검색 서비스를 연이어 선보이며 다음커뮤니케이션은 검색에 대한 기본 역량을 강화하고 보다 질 높은 검색결과를 제공하고자 노력하고 있다.

2009년에서 현재에 이르기까지 다음커뮤니케이션은 "Life On Daum"이라는 브랜드 슬로건을 내걸고 활동하고 있다. 24시간 365일 다음커뮤니케이션은 고객의 생활과 항상 함께하며, 고객의 생활을 더욱 편리하고 즐겁게 변화시키려는 전략을 명시화하고 있다. 특히, 로드뷰서비스는 전국 6대 광역시를 넘어 제주로까지 뻗어나가고 있으며, 다음카페는 오픈 10주년을 넘어섰고, 카페 830만 개을 돌파했다. 2009년 말 기준으로 다음커뮤니케이션은 3,800만 명의 등록가입자와 하루 평균 7,800만 페이지뷰를 기록하고 있다.

2010년 7월 기준으로, 다음커뮤니케이션은 대략 15년의 역사를 가지고 있으며, 사원 1,300여 명과 약 90여 개에 이르는 서비스를 제공하는 미디어 그룹으로 발전했으며, 성장을 거듭하고 있다.

〈표 Ⅲ-1〉 다음커뮤니케이션 연혁

주요 연혁
2010~현재 Life On Daum
• 2010.02: 뉴스, 블로그 등 버티컬 검색 개편 통해 스마트한 검색 구현
• 2010.02: 디지털 영상시스템 '디지털뷰' 오픈
• 2010.01: 다음 카페, "800만 돌파"
2009 Life On Daum
• 2009.12: 다음-MS, '서치 얼라이언스' 진행
• 2009.11: 다음, 2010년 'Life on Daum' 브랜드 슬로건 선포
• 2009.07: 다음, 어린이 포털 '키즈짱' 콘텐츠 대폭 강화
• 2009.06: 다음 카페 오픈 10주년 및 '카페 더넥스트'로 전면 개편
• 2009.06: 다음, 게임 서비스 개편 및 채널링 확대
• 2009.05: 다음, 블로거뉴스 '다음 뷰(View)'로 확대 개편
• 2009.04: 다음, 모바일 전용 페이지 '모바일다음' 오픈
• 2009.03: 다음 '로드뷰', 전국 6대 광역시 및 제주 지역까지 확대
• 2009.03: 다음, 최세훈 대표이사 취임
• 2009.02: 다음, 모바일 지도서비스 개시
• 2009.01: 다음, 지도서비스 '스카이뷰' '로드뷰' 오픈
• 2009.01: 다음, 모바일 풀브라우징 서비스 개시
2008 검색도 다음
• 2008.11: 다음커뮤니케이션, 신규 지도 서비스 론칭 및 비전 발표
• 2008.09: 다음커뮤니케이션, 고유 서체 '다음커뮤니케이션체' 개발하고 포털 최초로 무료 배포
• 2008.07: 다음커뮤니케이션, 독도수호 광고 후원모금 희망 캠페인 진행
• 2008.05: 다음커뮤니케이션, 사용자와 함께 검색서비스 만든다.
• 2008.03: 다음커뮤니케이션, 카페콘텐츠가 검색 속으로 들어오다.
• 2008.01: 다음커뮤니케이션, 사회공헌 통합 서비스 '하이픈' 오픈
2006~2007 UCC 세상을 건설하다
• 2007.12: 다음커뮤니케이션 'tv팟', 전문 콘텐츠 확보로 동영상 시장 지배력 확대
• 2007.11: '티스토리', 이용자가 만드는 서비스로 정식 오픈
• 2007.08: 다음커뮤니케이션, 한메일 개편으로 차세대 웹메일 진화 이끈다.
• 2007.07: 다음커뮤니케이션, '티스토리'지분 100% 확보, 블로그 시장 공략 본격화
• 2007.05: 다음커뮤니케이션, 검색 기술력의 집합체인 검색엔진 자체 개발
• 2007.04: 다음커뮤니케이션, 양질의 UCC 통합 섹션 'UCC 세상' 오픈

- 2007.01: 다음커뮤니케이션, 동영상 통합 브랜드 'tv팟' 오픈
- 2006.09: 똑똑한 쇼핑을 도와드립니다! 다음커뮤니케이션 쇼핑하우 오픈
- 2006.07: 다음커뮤니케이션-IB스포츠 제휴, 스포츠 콘텐츠 강화 다음커뮤니케이션, 대규모 월드컵 승리기원 행사
- 2006.04: '2006 다음커뮤니케이션의 날' 개최, 석종훈 다음커뮤니케이션미디어부문 대표, 각자 대표이사 선임
- 2006.03: 다음커뮤니케이션- 교보문고와 제휴, 도서 전문 검색 본격 시동
- 2006.02: '다음커뮤니케이션 글로벌미디어센터' 완공, 제주 프로젝트 안착, 다음커뮤니케이션 '커머스 부문' 분할, 공격 경영 시, 다음커뮤니케이션, 2006 FIFA월드컵™ 인터넷/모바일 중계권 확보

2002~2005 미디어로 세계로 뻗어 나가자

- 2005.08: 다음커뮤니케이션, 4대부문 사업체계 강화 및 경영지원 총괄조직 신설
- 2005.06: 6월 18일, 26일은 Daum 회원을 위한 오프라인 대형 축제 '다음커뮤니케이션의 날'
- 2005.03: 다음커뮤니케이션, CJ인터넷과 검색, 게임 전략적 제휴
- 2005.02: 다음커뮤니케이션, 온켓 인수, 마켓 플레이스 사업 본격 진출, 다음커뮤니케이션커뮤니케이션 창립 10주년, '제2의 도약 원년'
- 2004.12: 다음커뮤니케이션, 세계적 인터넷전화업체 Skype와 전략적 제휴
- 2004.08: 다음커뮤니케이션, '플래닛' 오픈–다음커뮤니케이션, 라이코스 인수–다음커뮤니케이션, 일본 시장 진출
- 2004.03: 다음커뮤니케이션, 제주도 이전 협약식 체결
- 2003.10: 다음커뮤니케이션커뮤니케이션 '벤처기업대상 수상'
- 2003.06: LG 화재와 온라인 자동차 보험 시장 진출, 다음커뮤니케이션다이렉트라인 설립, '제3회 Daum의 날' 개최(서울랜드)
- 2003.04: 한국생산성본부가 선정한 고객만족도(NCSI) 커뮤니티 포털 서비스 1위 선정
- 2003.03: 다음커뮤니케이션, '미디어Daum' 오픈
- 2002.12: 딜로이트 투쉬 토마츠(Deloitte Touche Tohmatsu)의 'Asia-Pacific Technology Fast 500'에 선정
- 2002.11: 다음커뮤니케이션쇼핑, 2002 전자 상거래 대상 수상
- 2002.06: 제2회 '다음커뮤니케이션의 날' 개최(서울랜드)
- 2002.01: 미디어2.0 인수

1995~2001 인터넷 세상의 지평을 열다
• 2001.09: 휴잇어소시에이츠 선정, '한국 최고의 직장 Best 10'에 선정 정통부, 제 13회 정보 문화상 "대통령상" 수상
• 2001.06: '제1회 다음커뮤니케이션의 날' 개최(서울랜드)
• 2000.10: 포브스지 세계 300대 유망 중소기업 선정
• 2000.08: Daum.net 1일 페이지뷰 1억 돌파
• 2000.07: Daum금융플라자 오픈
• 2000.06: 한국 능률 협회 컨설팅이 선정한 네티즌이 인정한 웹사이트 1위 수상 (포탈/커뮤니티 부문)
• 2000.01: Daum검색 서비스 오픈
• 1999.11: 코스닥 등록
• 1999.07: 국내 최고 인터넷 포털서비스 'Daum'으로 재단장
• 1999.05: 온라인 커뮤니티 'Daum카페' 오픈
• 1997.05: 국내 최초 무료 웹메일 서비스 '한메일넷' 오픈
• 1995.02: 다음커뮤니케이션커뮤니케이션 설립

출처: 다음커뮤니케이션 홈페이지

2) 다음커뮤니케이션 기업이미지

다음커뮤니케이션은 매우 우수한 기업이미지(CI, corporate image)를 가지고 있다. 다음이라는 말은 순수 우리말로 '어떤 차례의 뒤'라는 뜻으로 영어 'Next'에 해당하는 의미를 지닌다. 보다 구체적으로, 다음커뮤니케이션의 기업이미지에는 인터넷이라는 매제를 통해 차세대 커뮤니케이션 환경을 선도해 나가겠다는 선도자로서의 미래지향적 의지가 담겨 있다. 또한, 한문 다음커뮤니케이션(多音)은 다양할 多, 소리 音의 조합어로, 개성 있는 다양한 소리(多音)를 조화롭게 내보자는 의미도 함께 가지고 있다. 다음커뮤니케이션의 로고는 파란색 D, 연두색 A, 노란색 U, 빨강색 M의 네 글자가 서로 맞물려 모두 일곱 가지 색깔로 이루어져 있다. 이는 서로 떨어져 있어도 네트워크상에서 하나로 연결되어 또 다른 모습들을 그린 것으로 인터넷에 대한 다음커뮤니케이션의 미래상을 반영한다.

〈그림 Ⅲ-1〉 다음커뮤니케이션 기업이미지(CI)

출처: 다음커뮤니케이션 홈페이지

3) 다음커뮤니케이션 제공 서비스

사람과 사람 사이의 커뮤니케이션을 담당하는 메일, 카페, 블로그 서비스부터, 다양한 의견과 정보를 교류하는 미디어다음, 그리고 IPTV, 모바일 등의 차세대플랫폼으로까지, 다음커뮤니케이션은 사용자들의 e-life접점을 점차 확대해 나가고 있다.

(1) 검색

다음커뮤니케이션의 검색서비스는 개인의 라이프스타일에 가장 최적화된 생활형 검색서비스를 선보이고 있다. 이용자가 원하는 검색 결과를 얻기 위해서 키워드를 바꿔 두세 차례 재검색해야 하는 불편함을 줄이고 정답만 효과적으로 확인할 수 있도록 구현함으로써 이용자의 검색생황을 업그레이드하는 데에 기여하고 있다.

특히, 생활에 밀접한 키워드의 통합검색 품질향상 및 쇼핑, 지도, 부동산, 영화, 금융, 공연 등 생활형 서비스를 특화한 전문 검색을 강화하여 편의성 및 만족도를 극대화하는 데 주력하고 있다. 이를 위해 원스톱 쇼핑 검색 서비스 '쇼핑하우', 국내 최고 해상도인 '스카이뷰'와 실제 거리의 모습을 360도 파노라마 사진으로 보여주는 '로드뷰'를 검색과 연계했다.

또한, 이용자의 편의성을 극대화한 새로운 통합검색 모델을 구현하고 뉴스, 카페, 블로그, 동영상, 이미지 검색 등에 다양한 검색 기능을 선보여 이용자가 검색 의도에 최적화된 결과를 능동적으로 찾을 수 있도록 구성하고 있다. 특히, 카페와 연계한 신지식검색 또한 오픈 후 괄목할만한 성장을 거듭하면서 지식검색의 새로운 강자로 자리잡았다. 카페 검색을 통해 770만 카페가 만들어내는 방대한 정보를 이용자들에게 제공한다. 수천만 이용자들이 다년간 축적해온 거대하고 전문적인 정보가 이용가능한 것이다.

다음커뮤니케이션의 검색서비스는 회원들의 검색 추이를 분석하고, 특정 키워드 간의 일자별/성별/연령별/지역별 검색 추이를 한눈에 비교할 수 있는 신개념 검색 서비스인 '검색트렌드'를 선보이기도 했다.

다음커뮤니케이션의 검색서비스는 앞으로도 사용자들이 원하는 검색 서비스를 지속적으로 도입하고 차세대 검색의 화두로 꼽히는 개인화 검색을 통해 보다 정확하고 편리한 검색서비스를 선보이고자 했다. 수요가 커지고 있는 모바일 검색 역시 모바일웹(m.daum.net)에서 쉽고 빠르게 찾을 수 있도록 하는 것이 주목할만하다.

(2) 모바일

다음커뮤니케이션은 국내 포털 중 가장 빨리 모바일에 최적화된 서비스를 제공하고, 언제 어디서나 다음커뮤니케이션의 주요 서비스들을 모바일에서 이용할 수 있도록 하는 등 모바일 플랫폼 확대와 신규 비즈니스를 선도해왔다.

다음커뮤니케이션은 2009년 1월 모바일다음(m.daum.net) 서비스를 선보여 풀브라우징폰 및 스마트폰에 최적화한 인터넷 화면으로 가독성을 높이고, 로딩속도도 획기적으로 줄여 쉽고 빠른 인터넷 접속이 가능토록 했다. 특히, 검색, 메일, 지도, 뉴스, 증권, 카페 등 총 18개에 달하는 다음커뮤니케이션의 주요 서비스를 모바일을 통해 제공해 이용자의 편의성 및 만족도를 한층 높였다.

또한 다음커뮤니케이션은 일찍부터 아이폰 등 스마트폰 시장에 집중해 2008년 4월 아이폰에 최적화한 '한메일'서비스를 선보인 이후, 'Daum 지도', 'tv팟(동영상)', 'TISTORY(티스토리 블로그)'와 같은 다양하고 질 높은 어플리케이션을 선보여 스마트폰 이용자들에게 큰 환영을 받고 있다.

앞으로도 다음커뮤니케이션은 웹에서의 플랫폼 운영 노하우를 모바일로 특화시켜 나가고, 다음커뮤니케이션의 기존 경쟁력과 모바일의 특성을 결합한 콘텐츠들을 지속적으로 선보일 계획이다.

(3) 지도

다음커뮤니케이션의 지도 서비스는 지역 서비스 및 다양한 콘텐츠를 포함하는 차세대 플랫폼으로 인정받고 있다. 다음커뮤니케이션의 지도 서비스는 전국 모든 지역을 국내 최고의 해상도인 50cm급 고해상도 항공사진으로 제공하는 '스카이뷰'와 실제 거리의 모습을 360도 파노라마 사진으로 보여주는 '로드뷰'서비스를 기반으로 교통정보, 부동산정보, 지역정보, 날씨예보 콘텐츠 등을 결합하여 보다 생활에 유용한 서비스로 발전해나가고 있다.

이와 함께 전국 주요 지역의 교통 속보 정보를 알려주는 '실시간 교통' 서비스, 주유소 유가 비교 검색이 가능한 '주유 가격 서비스' 등 이용자들의 욕구를 적극 반영하여 전국민의 생활 플랫폼으로 자리잡고 있다.

다음커뮤니케이션의 지도 서비스는 이외에도 티스토리, 다음 블로그, 뷰(view) 등 다음커뮤니케이션의 대표적인 서비스들과 연동되어 이용자들이 직접 쓴 맛집정보, 리뷰 등 지역에 대한 모든 콘텐츠를 한 곳에서 찾아볼 수 있는 등 편의성을 더욱 높이고 있다.

(4) 커뮤니티

다음커뮤니케이션은 1999년, 카페 서비스를 시작으로 온라인 커뮤니티 문화를 새롭게 전개해왔다. 현재 약 830만 개, 3,800만 회원이 참여하는 국내 최대 커뮤니티인 '카페(café.daum.net)' 및 1인 미디어 서비스 '블로그(blog.daum.net)', 개방형 블로그 서비스 '티스토리(www.tistory.com)', '메타블로그(v.daum.net)' 등 다양한 커뮤니티 서비스를 선보이고 있다.

온라인 커뮤니티의 생성으로 인해 사람들은 인터넷이라는 공간에서 카페를 통해 취미, 종교, 직업 등과 같은 관심사를 공유하며, 친목뿐만 아니라 사회적인 이슈까지 함께 공유할 수 있게 되었다. 또한 티스토리는 기존의 정형화된 블로그 형식에서 벗어나 설치형 블로그의 장점을 활용하여 누구나 손쉽게 원하는 형태로 개성 표출이 가능한 개인화 블로그 서비스를 선보이며 커뮤니티 분야에 큰 영향력을 발휘하고 있다.

18만 명의 뷰 블로거들이 하루 평균 1만 3,000여 개의 콘텐츠를 생산, 공유하는 뷰는 국내 대표 메타 블로그 서비스로 자리매김하고 있으며, 일상에서의 경험부터 사회 전반에 대한 의견까지 블로거들의 다양한 생각을 엿볼 수 있는 공간을 제공하고 있다. 특히, 좋은 콘텐츠를 선정할 때 사용자들의 추천을 활용함으로써 사람들이 서로 소통하는 계기를 마련하고 있다.

(5) 한메일

1997년 5월 국내 최초로 무료 웹메일 서비스로 선보인 한메일(www.hanmail.net)은 친근하고 편안한 이미지로 현재 3,800만 명의 회원들과 함께 대한민국 대표 메일이다. 한메일은 언제나 회원들의 소중한 메일을 안전하게 전달하고 보관할 수 있도록 철저한 보안을 기반으로 한 서비스를 제공하고 있으며, 스팸방지 정책 및 시스템을 적극적으로 개발, 도입하여 대한민국에서 가장 깨끗한 메일 환경을 고객들에게 제공하고 있다.

또한 이용패턴 및 접속환경에 따라 이용자가 선택해서 사용할 수 있도록 기본 기능에 충실한 '한메일 베이직', 메일 사용량이 많은 사용자를 위해 특화된 기능을 제공하는 '한메일 익스프레스', 해외나 접속환경이 느린 곳의 사용자를 위해 최소한의 기능만 제공함으로써 속도를 향상시킨 '한메일 심플' 등 세 가지 버전을 함께 제공하고 있다.

한메일은 이용자의 다양한 욕구를 충족하고 편의성을 높이기 위해 이메일뿐만 아니라 문자, 일정, 인맥 관리, 청구서까지 원스톱(one-stop)으로 한 번에 가능하도록 지원하는 등 단순 이메일을 넘어 e-life의 시작이자 끝이 되는 서비스로 끊임없이 진화할 포부를 가지고 있다.

(6) 콘텐츠

다음커뮤니케이션은 부동산, 영화, 책, 키즈 등 전문분야를 특화한 서비스를 선보여 이용자 만족도를 높여 나가고 있다. 또한 이런 생활밀착형 콘텐츠들을 효과적으로 검색에 반영하여 검색 신뢰도 향상 및 트래픽 상승을 이끌고 있다.

다음커뮤니케이션은 펀드, 예금, 적금 등 다양한 금융상품 및 재테크 투자정보를 총망라한 '금융', 스카이뷰, 로드뷰, 테마 검색, 역세권 매물 및 전국 아파트 시세 조회 등 차별화된 콘텐츠를 제공하는 '부동산', 영화 정보, 관련 네티즌 리뷰, 영화 예매, 다운로드까지 가능한 '영화', 도서 본문검색, 가격비교 및 문학작품을 연재하는 '책', 그리고 안전하고 유익한 어린이 놀이포털 '키즈짱' 서비스를 제공하고 있다.

웹 2.0이 인터넷 산업의 주요 흐름으로 자리잡으면서 사용자 제작 콘텐츠(UCC, user created contents)는 웹 2.0의 중요 콘텐츠로 각광받고 있다. 특히, 국내 인터넷 사용자들은 텍스트에서 이미지를 넘어 동영상을 활용해 직접 콘텐츠를 제작하는 동영상의 활성화를 주도하고 있다. 다음커뮤니케이션은 이러한 흐름 아래 양질의 사용자 제작 콘텐츠의 유통과 확산을 지원하여 사용자 제작 콘텐츠의 대표적 플랫폼으로서 그 위상을 떨치고 있다. 다음커뮤니케이션은 이용자들이 손쉽게 콘텐츠를 제작할 수 있도록 다양한 서비스를 선보였다. 그 결과 현재 다음커뮤니케이션에는 1일 평균 300만 개에 달하는 사용자 제작 콘텐츠가 생성되며, 총 45억 개의 사용자 제작 콘텐츠를 보유하고 있다. 다음커뮤니케이션의 사용자 제작 콘텐츠를 무엇보다 사용자 중심의 서비스를 통해 사용자 편의성을 극대화했다는 점이 특징이다.

다음커뮤니케이션은 멀티미디어 동영상에 대한 사용자 필요를 충족시키고자 2007년 동영상 통합 브랜드인 'tv팟'을 새롭게 단장했다. 이어 비디오팟, 브랜드팟 등 전문 동영상 섹션을 지속적으로 선보이며 국내 대표적인 동영상 플랫폼으로 자리잡았다. 매일 1만 5,000여 개의 동영상들이 지속적으로 생성되며, 현재 1,700만 개의 이용자 제작 콘텐츠를 보유하고 있다. 다음커뮤니케이션은 누구나 손쉽게 동영상을 게재하고 함께 즐길 수 있는 전문 동영상 플랫폼을 서비스하여 사용자 만족을 극대화하고 있는 것이다.

이러한 다음커뮤니케이션의 적극적인 행보는 지속적인 방문자수 증가로 동영상 관련 서비스에서 압도적인 업계 1위라는 성과를 일궈냈다.

(7) 미디어

'미디어다음'은 네티즌과 쌍방향 커뮤니케이션이 이루어지는 공간으로 정보광장, 토론광장, 참여광장으로서 역할을 수행해 나가고 있다. '미디어다음'은 국내외 주요 통신사와 일간지, 스포츠지, 전문지 등 80여 개 언론사와 제휴를 통해 다양한 뉴스를 제공하고 있다. 뿐만 아니라 18만 명 이상의 뷰(view) 블로거들이 하루 평균 8,000여 개의 콘텐츠를 생산, 공유하고 있다.

토론광장 '아고라'에서 장벽 없이 다양한 이슈에 대해 이루어지는 활발한 토론은 '미디어다음'이 성장할 수 있는 원동력이 되었다. 축구, 야구, 농구 경기의 생생한 중계 및 뉴스를 실시간으로 볼 수 있는 스포츠 전문 섹션과 폭넓은 이슈에 대해 활발한 토론이 이뤄지는 '아고라', 웹툰 문화의 새로운 트렌드를 이끌어가고 있는 '만화속세상'과 같은 다양한 서비스도 선보이고 있다.

〈그림 Ⅲ-2〉 다음커뮤니케이션 제공 서비스

출처: 다음커뮤니케이션 홈페이지

〈그림 Ⅲ-3〉 다음커뮤니케이션 사업현황

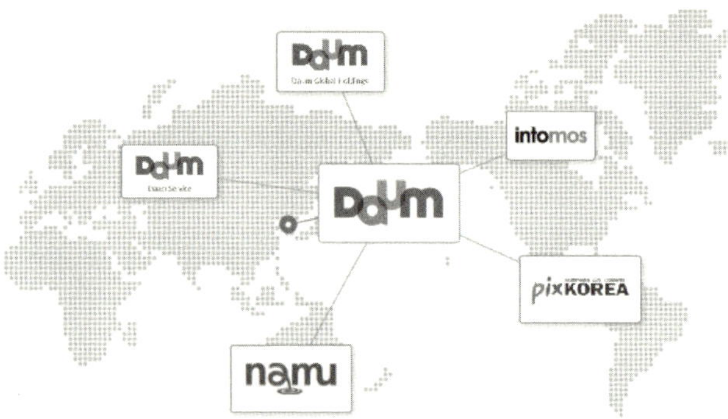

출처: 다음커뮤니케이션 홈페이지

4) 다음커뮤니케이션 사업현황

다음커뮤니케이션은 검색, 미디어, 커뮤니티 등의 포털 사업에 집중하고 있으며, 주력사업을 뒷받침하는 다양한 관계회사들이 서비스의 시너지를 창출하고 있다.

(1) 국내서비스 현황

① 다음서비스

'다음서비스'는 다음커뮤니케이션의 사이트를 체계적으로 운영하여 전문화된 서비스를 제공한다. '다음서비스'는 다음커뮤니케이션의 회원들에게 감동적인 서비스를 제공하기 위한 목적으로 설립된 인터넷 운영 서비스 회

〈그림 Ⅲ-4〉 다음서비스 로고

출처: 다음커뮤니케이션 홈페이지

〈그림 Ⅲ-5〉 나무커뮤니케이션 로고

출처: 다음커뮤니케이션 홈페이지

사이다.

② 나무커뮤니케이션

'나무커뮤니케이션'은 국내 대표 인터넷 검색 마케팅 기업이다. 검색광고 서비스로 인터넷 마케팅의 새로운 패러다임을 구축하고 있으며, 다양한 매체에 최적화된 마케팅 전략을 실행하고 있다.

③ 인투모스

인투모스는 현재 국내 최초 QR코드서비스인 QrooQroo(쿠루쿠루)와 위치기반 AR 서비스인 ARooARoo(아루아루) 사업에 집중하고 있다. 특히 QrooQroo는 시장점유율 1위로 모바일을 통해 온라인과 오프라인을 잇는 새로운 패러다임을 창출하고 있다.

〈그림 Ⅲ-6〉 인투모스 로고

출처: 다음커뮤니케이션 홈페이지

〈그림 Ⅲ-7〉 픽스코리아 로고

출처: 다음커뮤니케이션 홈페이지

④ 픽스코리아

픽스코리아는 국내 최초로 고해상도 로드뷰 제작을 통해 인터넷 지도의 새로운 변화를 가져온 위치기반 콘텐츠 제작회사이다.

(2) 해외 진출 현황

다음글로벌홀딩스

'다음글로벌홀딩스'는 해외 사업을 전담하는 지주회사로서 해외자회사를 효율적으로 통합관리하고자 하는 목적으로 설립되었다.

5) 다음커뮤니케이션 근무공간

다음커뮤니케이션은 새로운 시도, 재미있는 상상으로 즐거운 세상의 변화를 이끌어내기 위해 서울 한남동과 제주도에 오피스를 이원화시켜 창의적 근무환경을 제공하고 업무 효율을 높이고 있다.

〈그림 Ⅲ-8〉 다음글로벌홀딩스 로고

출처: 다음커뮤니케이션 홈페이지

서울 한남오피스는 자유로운 커뮤니케이션, 신선한 크리에이티브, 따뜻한 감성을 공유할 수 있는 공간으로 구성되어 있다. 제주미디어오피스는 다음커뮤니케이션을 형상화한 건물인 글로벌미디어센터에 자리하고 있다. 글로벌미디어센터는 다음커뮤니케이션의 다양한 소리, 화음을 의미하는 다음(多音)과 제주 바람의 바람을 관악기에서 착안하여, 바람의 통로를 기본으로 건물을 설계하였으며, 내부는 창의적인 근무공간과 직원복지공간 그리고 자연공간의 세 가지 요소가 상호유기적으로 네트워크된다.

2 다음커뮤니케이션의 이해관계자 동반성장 현황

다음커뮤니케이션은 이해관계자를 기업의 생존과 발전을 함께 이루어가는 진정한 동반자라 생각하고 있다. 다음커뮤니케이션은 중요한 이해관계자를 주주 및 투자자, 고객(이용자), 광고주 및 채널, 임직원, 협력사, 지역사회·미래세대, 정부·동종 업계·NGO·시민단체 등 7대 그룹으로 나누어 정의한다. 〈표 Ⅲ-2〉와 같이 다음커뮤니케이션은 이해관계자과 다양한 커뮤니케이션 채널을 통해 소통하고 있다.

1) 주주 및 투자자

다음커뮤니케이션은 국내기관투자자와 외국인투자자의 지분의 합이 50% 이상을 유지, 건전한 외국인 주주, 국내 기관 등 다양한 주주들로 구성되어 있다. 다음커뮤니케이션은 대한민국 인터넷 비즈니스를 개척하고 이끌어온 선도기업으로서 어려운 경제환경 속에서도 꾸준히 매출액과 영업이익이 성장하고 있다.

〈표 Ⅲ-2〉 다음커뮤니케이션의 이해관계자 커뮤니케이션 채널

구분	종류	
주주 및 투자자	• 주주총회 • 분기별 실적 발표 • 공시자료 • 애널리스트 만족도 조사	• IR 로드쇼 • 일대일 미팅 • 홈페이지 IR섹션 • 애널리스트데이
고객(이용자)	• 열린이용자위원회 • 고객센터(365일 24시간 전화 응대) • 해피 콜(Happy Call) • 수시 고객 방문 • 외주 고객만족도 조사(분기별) • 자체 고객만족도 조사 • 상담만족도 조사	
광고주 및 채널	• Rep Assistant Program • 열린자문위원회 • 분기별 CSI(customer satisfaction index)조사	
임직원	• 인사위원회 • 인트라넷(낙서판, Helpdesk, 설레는 제안) • 핫라인(hotline) • 임직원 만족도 조사	
협력사	• 구매윤리 관련 신고 핫라인 • 업체제안 상시접수시스템 • 우수 협력사 초청 워크숍	
지역사회 · 미래세대	• 사회공헌활동 • 제주대 산학자문위원회 • 제주 오피스(GMC) 견학 프로그램 • 다음세대재단	
정부 · 동종 업계 · NGO · 시민단체	• 한국인터넷기업협회 • 정보보호협의회 • 저작권 상생 실무협의체 • 국가DB포럼 등 각종 민관 공동 정책기구	• 한국인터넷자율정책기구 • 인터넷발전협의회

출처: 다음커뮤니케이션 지속가능보고서 2009

〈표 Ⅲ-3〉 주요 영업성과 및 재무현황 (단위: 100만 원)

구분	2007	2008	2009
매출액	214,508	233,963	244,556
영업이익	51,498	46,011	44,541
당기순이익	15,634	45,934	31,096
자산	220,875	283,193	297,485
유동자산	87,957	141,677	160,171
비유동자산	132,918	141,516	137,314
부채	106,570	108,856	87,915
유동부채	70,407	86,305	77,786
비유동부채	36,163	22,551	10,129
자본	114,305	174,337	209,570

출처: 다음커뮤니케이션 지속가능보고서 2009

2) 고객(이용자)

다음커뮤니케이션은 'Life On Daum'이라는 비전 하에 생활밀착형 서비스를 보다 쉽고 다양하게 접근할 수 있도록 모바일, 지도 서비스, 지하철 역사의 디지털뷰 등 다양한 플랫폼을 개발하여 이용자와의 접점을 늘려가고 있으며, 고객 서비스 부문에서도 앞선 모습을 선보이고자 노력하고 있다. 특히, 이용자의 만족도를 높일 수 있는 다양한 고객맞춤형 대응 서비스와 모바일 CS 내응, 그리고 글로벌 기준에 부합하는 고객 서비스 역량을 강화하여 고객이 미처 예상하지 못한 부분까지 섬세하게 배려하는 진정한 고객감동을 추구한다.

다음커뮤니케이션은 보다 적극적으로 고객의 니즈를 수용하고자 지난 10년 동안 아웃소싱으로 운영하던 고객센터를 2009년에 자회사인 '다음서비스'로 전환하였다. 이를 통해 고객의 소리를 성공적으로 내부화함으로써 다음의 VOC(voice of customer)를 보다 깊이 있게 반영할 수 있는 기틀을 마련하였다. 다음커뮤니케이션의 고객센터는 365일 24시간 전화 응대와 E-mail 상담이 가능하며, 고객의 E-mail 문의에 대해서는 답변 메일 발송시

〈그림 Ⅲ-9〉 E-mail 상담만족도 결과(2009년)

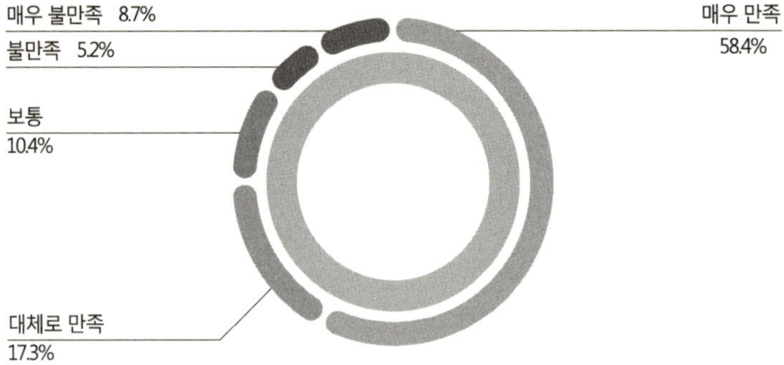

출처: 다음커뮤니케이션 지속가능보고서 2009

SMS 무료 알림 서비스도 제공하고 있다. 또한 E-mail 문의에 답변할 때는 상담만족도 설문조사도 함께 실시함으로써 상담 품질에 대한 고객의 의견을 상시 청취하고 있다.

3) 광고주 및 채널

다음커뮤니케이션은 광고를 집행하는 광고주, 미디어 렙, 대행사 등 기업고객의 임직원을 '핵심 관리 고객'으로 규정하고 다양한 제도와 시스템 업그레이드, 고객 만족도 향상 프로그램 신설을 통해 만족을 높이고자 노력하고 있다.

다음커뮤니케이션은 고객의 불편을 최소화하기 위해 다음의 담당 직원이 고객사에 상주하며 상담 및 협의 업무를 진행하는 '렙 어시스턴트 프로그램(rep assistant program)'과 각 렙사와 광고 대행사의 대표 실무자들이 참석하여 다음의 문제점을 제시하고 개선하는 '열린자문위원회'를 개설하였다. 이와 같은 운영 프로세스의 혁신을 통해 실시간 소재 변경, 당일 문의 당일 처리 등 새로운 기준을 확립하는 성과를 거두었다.

다음커뮤니케이션은 광고영업을 대행하는 기업고객들을 위한 지원체계를 고객지향적 관점으로 혁신하였다. 2008년 10월 설립된 SMC(Search Marketing

Center)는 다음 검색광고 상품의 영업대행사들을 위하여 다음이 건물임대료, 통신비 등의 제반 인프라를 지원하는 인큐베이팅 센터이다. 2009년 말 현재 총 다섯 개 업체가 입주하여 안정적으로 영업을 진행하고 있다.

다음커뮤니케이션은 기업고객들의 불만족 사안을 빠르게 수렴하고 더 높은 광고효과와 서비스의 편의성을 제공하고자 2009년부터 분기별 1회 고객만족도를 조사하는 CSI(customer satisfaction index) 프로그램을 도입하였다.

〈표 Ⅲ-4〉 기업고객 주요 이슈

구분	주요 이슈
광고상품 개선 및 전략	• 경쟁력 있는 대표상품 개발 및 차별화 전략 마련 • 광고 타겟과의 접점 확대(모바일 광고 연계 등) • 소비자와의 인터랙티브 커뮤니케이션 요소 강화 • 웹사이트 매체력 및 모바일 마케팅 효과 증대 • 광고효과를 객관적으로 확인할 수 있는 새로운 측정 지표 개발 • 복잡한 광고상품의 형태(UI) 개선 • 허위 과장광고에 대한 대응
가격정책	• 시장 경쟁심화로 인한 높은 광고비 부담 • 소규모 사업자들을 위한 가격 할인
광고 구매 및 운영 프로세스	• 까다로운 심사 기준과 프로세스 • 등록 소요시간 단축 • 광고 키워드 선정과 조합 • 광고사 정보 수정 제약 • 손쉬운 통합관리 체계 마련 • 고객알림 기능 개선(광고효과 감소, 계약완료 시점 등)
커뮤니케이션	• 광고주 권익보호를 위한 전담조직 마련의 필요성 • 고객과의 양방향 커뮤니케이션 채널 확보 • 신속한 불만 접수 및 처리 • 인터넷 매체의 광고효과 홍보

출처: 다음커뮤니케이션 지속가능보고서 2009

4) 임직원

다음커뮤니케이션은 비정규직법 준수 및 고용의 안정을 위하여 일부 단순 운영직에 대해서만 비정규직을 유지하고 있다. 정규직과 비정규직을 합하여 2009년 말 현재 제주 오피스에 199명(21%), 서울 오피스에 755명(79%)이 근무하고 있다. 비즈니스의 특성상 20~30대가 전체의 98%를 차지하고 있으며, 평균연령은 30.8세이다. 인력 이동이 많은 업계의 특성과 이직을 쉽게 실행하는 직원들의 연령대를 감안하여 지속적으로 안정적인 고용 유지를 위해 노력한 결과, 자발적인 이직률은 점차 감소하는 추세를 보이고 있다.

또한, IT업계의 특성상 동일한 자세로 장기간 근무할 경우 발생할 수 있는 질병을 사전에 예방하기 위해 사내 편의시설(휘트니스센터/안마방/휴식공간 등)을 운영하고 있다. 이를 통해 2007년부터 2009년까지 산재는 발생하지 않았다.

다음커뮤니케이션은 임직원의 자기계발과 사기증진, 안정적인 생활유지를 위해 다양한 복리후생제도를 운영하고 있다.

다음커뮤니케이션은 인권에 대한 존중과 차별에 대한 엄격한 금지로 임직원 모두의 평등하고 균형적인 조화를 추구하고 있다. 남녀 구성비율(남 63% : 여 37%)은 개발직군의 비율이 높은 것을 감안할 때에도 여성의 비율이 일반기업에 비해 높은 편이다. 채용에 있어 성별의 차이는 두지 않고

〈표 Ⅲ-5〉 임직원 구성현황 및 이직률

구분	2007	2008	2009
정규직	737	879	919
비정규직	57	80	35
합계	794	959	954
이직률	14%	11%	8%
평균 근속년수	3년	3년 1개월	3년 5개월

출처: 다음커뮤니케이션 지속가능보고서 2009

〈표 Ⅲ-6〉 임직원 주요 복지제도

구분		내용
생활안정 지원제도	대출	• 주택 구입/전세자금/생활안정자금에 대한 대출금 이자보조
	자녀교육비	• 임직원 자녀교육비 지급
	단체보험	• 사망, 장해 및 암진단 보장
	의료비 실손보험	• 본인 및 가족(직계 존/비속)에 대한 의료비실손 지원
	경조사 지원	• 경조비 및 조화 지급, 장의용품(조의) 세트 지급
	건강검진	• 임직원 종합검진 실시(연 1회) • 가족 건강검진 실시(2년 1회)
자기계발 및 Fun 문화 지원제도	안식휴가	• 장기근속자에 대한 리프레시 휴가 및 휴가비 지급
	현금 마일리지	• 자기계발비(어학 등 교육, 여행, 레저 등) 마일리지로 지급
	동호회	• 사내동호회 활동비 지원
	설레는 책	• 한 달에 한 번 동료직원에게 책 선물
기타	스마트폰 지원	• 스마트폰 지원 및 월사용료 일부 지원
	기념일 선물	• 생일 상품권 지급

출처: 다음커뮤니케이션 지속가능보고서 2009

〈표 Ⅲ-7〉 육아휴직 사용현황

구분	2007	2008	2009
출산휴가 사용건수	9건	22건	26건
육아휴직 사용건수	4건	7건	7건
육아휴직 사용비율(출산휴가 대비 육아휴직 사용비율)	44.4%	31.8%	26.9%
육아휴직 평균사용 기간	8.0개월	5.9개월	7.4개월

출처: 다음커뮤니케이션 지속가능보고서 2009

있으며, 능력주의 연봉제로 대졸초임 등 임금에도 남녀 및 직원범주별 차별을 두지 않는다. 평가 및 승진, 보상에 있어서도 동등한 자격과 기회를 부여하고 있다.

여직원이 지속적인 사회생활을 유지할 수 있도록 100% 출산휴가를 사용하고 있으며, 희망자에 한하여 육아휴직을 자유롭게 사용하고 있다. 육아휴직 후 복귀할 때에도 본인이 희망하는 업무나 기존에 있던 직책으로 되돌아올 수 있도록 제도적으로 뒷받침하고 있다.

5) 협력사

다음커뮤니케이션은 투명하고 신뢰할 수 있는 거래관계를 통해 '상생의 비즈니스 파트너십'을 구현하기 위해 일찍부터 노력해왔다. 2006년에는 구매팀 전원을 제주 오피스로 이전하고 2007년에는 전자구매 시스템을 도입하여 협력사와의 불필요한 미팅을 최소화하였다. 또한 2007년 10월에는 구매윤리강령을 선포, 임직원 모두가 부정부패를 근절할 것을 다짐하였으며, 모든 계약서에는 청렴거래에 관한 조항을 명시함으로써 협력사 역시 금품이나 향응 등 불건전한 거래관계를 맺을 수 없도록 원천적으로 차단하고 있다. 그러나, 협력업체가 청렴거래 위반 사항을 자진 신고할 경우 향후 거래관계의 안정성을 최대한 배려하고 보장하고 있다.

이러한 노력을 통해 다음은 현재까지 매년 공정거래위원회에서 협력사를

〈표 Ⅲ-8〉 협력회사 상생협력 제도

구분	내용
현금결제	2000년 이후 현금결제 100% 시행
구매전용카드 도입	협력사의 긴급자금 필요 시 계약서에 명기된 결제일 이전에도 계산서 접수 처리와 동시에 은행에서 결제를 미리 받을 수 있도록 지원
협력사 제안 제도	회사 홈페이지와 전자구매 시스템을 통해 상시적으로 일반 물품, 콘텐츠, 기계장치 및 서비스 구매 제안 가능(신규/기존)
우수 협력사 워크숍	매년 연말(연 1회) 우수 협력사 워크숍을 개최, 협력사 애로사항 및 개선 요청사항 접수, 반영

상대로 실시하는 서면조사 결과에서 어떠한 경고나 제재 조치를 받은 일이 없으며, 협력사와의 부당 계약 및 발주, 불합리한 계약 해지가 발생한 일도 없다. 또한 업체의 피해 사례 및 이의 제기 사례도 없었다.

6) 지역사회

다음커뮤니케이션의 사회공헌활동은 네티즌과 함께 하는 희망모금, 다음세대재단, 다양한 임직원 봉사활동, 제주지역 사회공헌, 문화예술 및 스포츠 후원 등으로 나뉜다.

다음커뮤니케이션의 제주 본사 이전을 통해 제주의 지역경제가 활성화되고, 지역주민의 일자리가 창출되며, 인재를 키워내고 우수한 인재들이 찾아오는 새로운 바람을 기대하고 있다.

다음커뮤니케이션은 농어촌 주민들의 정보화 소외를 줄이고 공동체를 활성화하고자 'E마을 카페'를 무료로 구축, 지원하고 있다. E마을 카페는 전국 어디서나 고향의 소식과 발전하는 모습을 볼 수 있어 고향에 대한 관심을 높이고 마을 특산물 홍보 등을 통해 지역경제 발전에도 기여할 수 있는 커뮤니티이다. 이와 함께 육해공군의 소통을 위한 'E군 카페'를 지원, 군 내외부의 신뢰감과 단결심을 공고히 하는 데에도 기여하고 있다.

다음커뮤니케이션은 문화예술에 대한 후원을 통해 문화예술의 발전과 저변 확대에 이바지하고 있다. 2007년에 오픈한 문화라운지는 공연 초대권 응모를 통해 매년 2만 명 이상에게 문화예술 체험의 기회를 제공하고 있으며, 우리의 생활 속에 문화예술이 보다 뿌리깊게 안착할 수 있는 토대를 마련해가고 있다. 매년 100편 이상의 미디어를 대상으로 마케팅 컨설팅, 콘텐츠에 대한 온라인 광고와 이벤트 등을 지원하여 제작사들의 자생력과 마케팅 노하우를 키워가는 데 기여하고 있다. 다음커뮤니케이션은 스포츠 분야에 대한 후원을 통해 국민 통합과 사회 체육의 발전에 이바지하고 있으며 스포츠에 대한 가장 영향력 있는 플랫폼을 구축하여 보다 많은 국민들에게 스포츠 선수들의 선전의 기운이 전달될 수 있도록 지속적으로 노력하

〈표 Ⅲ-9〉 기부금현황 (단위: 100만 원)

구분	2007	2008	2009
기부금	1,676	2,087	1,978
사업비	410	261	86
합계	2,086	2,348	2,064

고 있다. 대표적인 후원활동으로는 2005년부터 이어져온 대한민국 축구대표팀 후원, 2007년부터 시작된 대한체육회 및 국가대표팀 공식 후원, 2006년부터 프로배구리그인 V리그 공식 후원이 있다.

7) 환경성과

다음커뮤니케이션은 실시간으로 서버의 사용량을 관리하는 프로그램을 자체 개발하여 운영하고 있다. IT 자원을 상시적으로 모니터링하는 이 프로그램은 유휴자원을 최소화하고 사용량에 따른 효율적인 자원의 재배치를 가능하게 하는 것이 특징이다. 2009년에 2,000여 대의 장비를 재배치하고 신규 투자를 억제함으로써 해당 장비만큼의 전력사용량을 감소시켰다.

다음커뮤니케이션은 기존에 종이를 통해 주고받던 다양한 정보를 인터넷이라는 네트워크를 통해 사용자에게 제공함으로써 간접적으로 숲을 보호하는 기업이다. 다음커뮤니케이션은 이러한 업무의 장점을 사무실 운영에도 적용하여 2005년에는 전자결재 시스템을 도입, 연간 4만여 건의 문서결재를 전자결재로 대체하였다.

다음커뮤니케이션은 전산실의 배치구조를 새롭게 바꿈으로써 열효율을 기존 구조 대비 20% 이상 향상시켰다. 서버 룸 디자인을 변경하는 일은 2004년부터 2006년까지 3년간 진행한 장기 프로젝트였다. Hot Aisle(열기 통로)과 Cold Aisle(냉기 통로)의 열흐름을 고려하여 랙간 Face-to-Face 서버랙 사이의 공간을 충분히 확보하고, 서버랙 아래의 공기 흐름도 개선하여 과열을 방지하였으며, 서버 후면의 케이블링도 조정하여 서버 자체의 열 흐름을 원활하게 하였다. 존재하는 매뉴얼이 없는 상태에서 그동안 축적한 운영 노하우를 바탕으로 충분한 시간을 가지고 세심하게 진행했던 프로젝트였으며, 현재 업계에서 모범사례로 인정받고 있다.

다음커뮤니케이션은 화상회의 시스템, 다자간 통화 시스템 등을 적극 활용하여 불필요한 이동을 줄임으로써 탄소 배출 저감에 일조하고 있다. 특히, 서울과 제주로 이원화된 오피스 운영에 따른 출장을 최소화하고자 현재 서울에 12개, 제주 9개의 화상회의 시스템을 갖추었고, 실시간 화상협의가 가능하도록 개인별 화상장비(MCU)를 지급하여 운영하고 있다. 또한 개인별 IP폰을 지급하여 공간에 따른 커뮤니케이션의 제약을 개선하고 있다.

다음커뮤니케이션은 그린오피스 구현을 위해 저전력 IT 제품의 사용 확대뿐 아니라 PC 전력 절감시스템(모니터, 하드디스크, 네트워크 등) 도입과 자율 소등 추진 등 에너지 절감 캠페인 등을 통해 전력 사용을 최소화하기 위한 준비를 하고 있다. 특히, 2010년 5월에 도입한 PC 전력절감 솔루션(Green CPM)은 사전 시뮬레이션 결과, 연간 34%의 에너지 절감 효과를 보이는 것으로 추정되었다.

다음커뮤니케이션은 디지털 기기의 사용량이 많아 오피스 내의 발생열이 많고 동시에 공기의 순환이 원활히 이루어지지 않는다. 이러한 문제점을 냉난방을 통해 해결하기보다는 적절한 실내 디자인에 변화를 줌으로써 에너지 사용을 최소화하고자 노력하고 있다. 2007년에는 파티션 상단의 공간을 활용하여 수경식물을 재배, 건조한 실내의 습도를 조절하고 열을 식혀줄 뿐 아니라 공기도 정화하는 방법을 적극 활용하였다. 또한 제주도의 글로벌미디어센터(GMC)에서는 강한 햇빛을 차단할 수 있도록 유리벽에 코팅을 추가하여 내부 온도의 상승을 억제하였으며, 냉난방 기준 온도를 여름에는 25.5도, 겨울에는 24.5도로 조절함으로써 매년 냉난방에 소요되는 에너지의 사용을 줄이고 있다.

3 인터넷 서비스 시장에서 다음커뮤니케이션의 위상

다음커뮤니케이션을 사례로 채택한 이유를 살펴보면, 다음커뮤니케이션과 인터넷산업의 관계에 대한 개괄적인 이해에 도움이 된다. 특히, 다음커뮤니케이션이 인터넷 산업에서 현재 차지하는 위상이 그 어떤 기업에 못지 않다는 것을 살펴볼 수 있다.

1) 인터넷 포털 서비스에서 다음커뮤니케이션의 위상

포털(portal)은 '문'이라는 뜻을 지닌 용어로서, 포털서비스는 인터넷 이용자들이 이메일, 커뮤니티, 게임, 검색 등 다양한 서비스를 이용하게 연결

〈표 Ⅲ-10〉 포털서비스의 분류

구분	주요 서비스	예
커뮤니티 포털형	-회원간 결속 및 커뮤니케이션을 유도하는 수단으로 커뮤니티나 카페 메신저 등의 서비스를 제공함으로써 회원확보 및 수익 창출함	다음커뮤니케이션, 싸이월드, 네이트 등
종합검색엔진형	-초기의 검색엔진이나 디렉토리 서비스에서 시작된 포털을 지칭함 -검색서비스 외에 이용자 확보 차원에서 증권, 경매, 생활 정도 등 다양한 종합정보를 제공함	네이버, 야후, 엠파스 등
전자쇼핑몰형	-수익실현을 목적으로 많은 기업들이 채택하고 있는 사업모형임 -물리적인 상품과 무형의 정보를 인터넷상에서 소비자에게 중개하거나 매개하는 역할을 담당함	옥션, 지마켓 등
콘텐츠형	-뉴스 날씨 금융서비스 오락 게임 등 정보화 기반을 주로 제공하는 사이트를 말함 -자체적으로 생산한 정보를 제공하거나 축적된 데이터베이스를 기반으로 서비스함	피망, 한게임, 넷마블 등

출처: 허지원(2007)

해주는 관문 역할을 하는 서비스를 말한다. 포털서비스는 중점적으로 제공하는 서비스가 무엇이냐에 따라서 커뮤니티형, 검색엔진형, 전자쇼핑몰형, 콘텐츠형 등으로 다양하게 나뉜다(허지원, 2007). 다음커뮤니케이션은 크게는 이메일과 카페에서 출발하여 검색 등 다양한 서비스를 제공하는 커뮤니티 포털형에 속한다고 할 수 있으나, 보다 세부적으로는, 종합검색엔진, 전자쇼핑몰, 콘텐츠 등에 해당하는 서비스를 모두 다루고 있다.

인터넷 포털은 1990년대 중반에 최초로 웹 사이트에 대한 디렉토리 검색서비스를 제공한 야후의 검색 모델을 시작으로 검색 기능과 함께 이메일, 뉴스, 커뮤니티 제공 등의 종합적인 서비스를 제공하는 형태로 발전해왔다(한국인터넷진흥원, 2007). 포털서비스 산업의 발전과정을 정리하면 〈표 Ⅲ-11〉과 같다.

〈표 Ⅲ-11〉 포털서비스 산업의 발전과정

구분	기간	특징
도입초기	1990년대 후반~ 2000년 초	• 접속포털과 검색포털의 등장 –인터넷 초기 포털은 접속 및 검색 서비스로 시작 –유선 인터넷 이용자를 다른 사이트로 안내하는 관문적인 역할을 수행 –수익원은 단순한 인터넷 광고가 주를 이룸
성장기	2001년~2004년	• 수익원 다변화와 경쟁 본격화 –닷컴 붕괴로 온라인 광고시장 성장률 둔화 및 포털업계의 수익원 다각화 필요성이 거론 –포털은 기존의 검색에서 채팅 커뮤니티 엔터테인먼트 및 생활 정보 등으로 서비스 확대
도약기	2005년~현재	• 콘텐츠의 이동 관문에서 콘텐츠의 집합지로 변모 –서비스 확대와 함께 포털들은 자체적으로 확보한 디지털콘텐츠를 서비스하는 업체로 변모 –단순 검색서비스의 수익원 창출 한계에 직면하여 포털들은 서비스 차별화 수익원 다각화에 전력하고 있음

출처: 허지원(2007)

우선, 포털서비스 도입 초기에는 주로 접속 및 검색 서비스가 주된 서비스였다. 그리하여 인터넷 이용자들이 다른 여러 사이트로 이동할 수 있는 관문을 제공하는 역할을 주로 수행하였다. 이때의 포털서비스의 주 수익모델은 광고였다. 이후, 2000년대 초반에 닷컴 버블의 붕괴 이후 포털서비스 산업은 경쟁이 치열해졌고, 접속 및 검색 서비스 외에 채팅, 커뮤니티, 게임, 각종 생활 정보 등 다양한 서비스를 제공하기 시작하였다. 최근 들어서 포털서비스는 단순히 콘텐츠로의 이동 관문에서 나아가 다양한 콘텐츠들이 모이는 하나의 집합지로 탈바꿈하게 된다. 포털서비스는 이러한 콘텐츠 제공을 통해 인터넷 광고에서 수익원을 보다 다양화할 수 있게 되었다.

포털서비스의 시장 규모도 지속적으로 늘어났다. 2000년 초 2,000억대였던 포털 시장 규모가 2007년에는 7,000억대로 급격히 증대되었다. 그러나 이러한 포털 시장의 규모는 2004년 이후에는 다소 정체되는 모습을 보이고 있다. 포털 시장은 인터넷 인프라의 확산과 함께 성장한다는 점을 고려할 때, 포털 시장의 정체는 인터넷 이용률의 정체와 맥을 같이 한다고 볼 수 있다. 인터넷 이용률은 2004년 70%대에 들어선 이후 지속적으로 70% 초반 대에서 머물러 있다. 다만, 2005년에 포털 시장 규모가 감소한 것은 인터넷 이용률과 상이한 패턴을 보인다고 볼 수 있다.

〈그림 Ⅲ-10〉 인터넷 이용자와 포털 시장 규모 (단위: 100만 명, 100억 원)

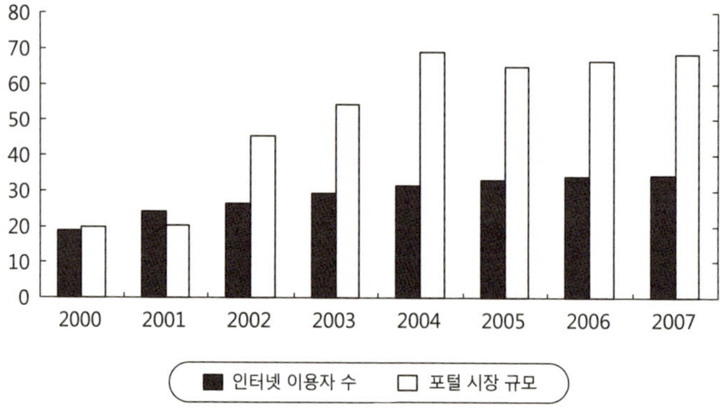

출처: 허지원(2007)

〈그림 Ⅲ-11〉 다음커뮤니케이션 카페와 네이버 카페의 월간 일 평균 1인당 체류시간

(단위: 분, 2007년 기준)

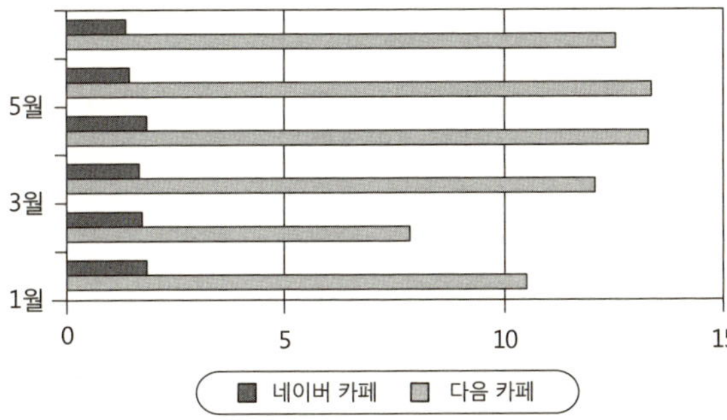

출처: 랭키닷컴

포털 시장의 주요 업체로는 daum.net을 운영하는 다음커뮤니케이션, 네이버를 운영하는 NHN, 싸이월드, 네이트 및 엠파스를 운영하는 SK커뮤니케이션즈 등이 있다. 이들 업체들의 시장점유율을 순방문자수 및 도달률의 순위로서 살펴보면 〈그림 Ⅲ-11〉과 같다. 다음커뮤니케이션은 서비스의 전문화 및 인수합병을 통해서 시장 확대를 도모하고 있다.

2) 온라인 커뮤니티 서비스에서 다음커뮤니케이션의 위상

다음으로, 온라인 커뮤니티서비스에 대해서 알아보자. 온라인 커뮤니티 서비스에는 다음커뮤니케이션이나 네이버의 카페, 블로그, 그리고 싸이월드의 미니홈피 등의 서비스가 대표적이다. 이들 서비스는 정도의 차이는 있지만 모두 사회연결망 서비스(social network service)의 일종으로서 사람과 사람 간의 정보 공유와 소통을 위한 것이다(한국인터넷진흥원, 2008).

먼저, 카페의 경우 다음커뮤니케이션 카페에서 유래하였으며, 이후 줄곧 1위를 유지해왔다. 그러나 네이버가 카페 서비스를 런칭하면서 2006년 10월부터는 네이버 카페가 순방문자수 측면에서 다음커뮤니케이션 카페를 능가하기 시작했다. 하지만, 카페 이용자들의 충성도 측면에서는 다음커뮤니케이션 카페의 경우가 네이버 카페보다 훨씬 높은 것이 특징적이다. 이용

〈그림 Ⅲ-12〉 다음커뮤니케이션 카페와 네이버 카페의 월간 페이지뷰

(단위: 1,000, 2007년 기준)

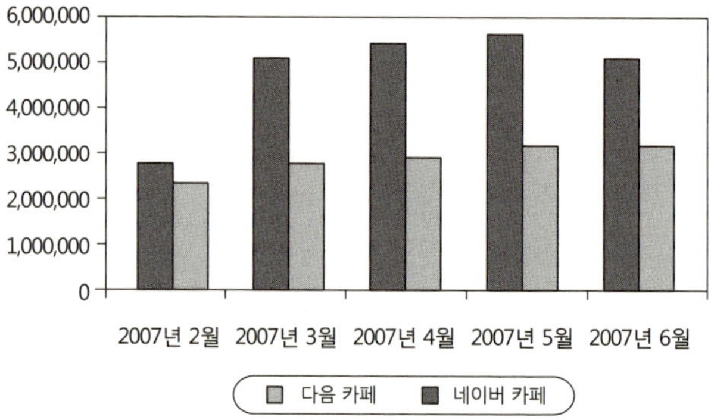

출처: 랭키닷컴

자의 충성도를 나타내는 평균 체류시간이나 방문자 1인당 페이지뷰 측면에서는 다음커뮤니케이션 카페가 월등히 높다(그림 Ⅲ-11, Ⅲ-12 참고).

또한 방문자들이 카페를 얼마나 깊이 있게 이용했는지를 분석하는 방문자 이용 깊이 분석(2007년 6월)에서도 다음커뮤니케이션 카페의 우위가 확연했다. 통상 헤비유저(heavy user)라 부를 수 있는 100페이지뷰 이상 방문자의 비율이 다음커뮤니케이션 카페의 경우 거의 30%에 육박하여 네이버의 약 20%보다 더욱 높았다.

블로그는 최근 급속히 확산되고 있는 서비스 중 하나이다. 야후의 조사에 따르면, 2007년 7월 기준으로 약 508만 개의 블로그가 존재하고 있으며 등록된 글의 수는 약 9,720만 개로 추정된다. 이들 중 상당수가 기존의 포

〈그림 Ⅲ-13〉 다음커뮤니케이션 카페와 네이버 카페의 방문자 이용 깊이 분석

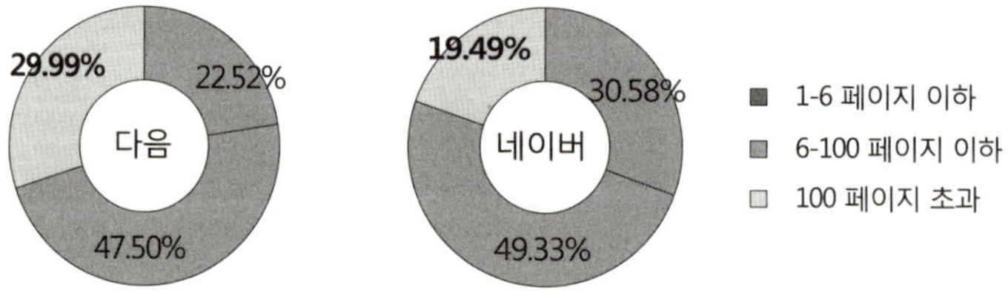

출처: 랭키닷컴

〈표 Ⅲ-12〉 주요 사이트별 블로그수 및 포스트수 (단위: 개, %; 2007년 7월 기준)

사이트	블로그수		포스트수		평균 포스트수
naver.com	2,925,174	57.6	57,787,502	59.4	19.8
daum.net	669,412	13.2	18,509,316	19.0	27.7
nate.com	402,750	7.9	2,092,885	2.2	5.2
yahoo.com	345,220	6.8	5,371,066	5.5	15.6
paran.com	336,973	6.6	2,797,578	2.9	8.3
empas.com	170,893	3.4	4,391,599	4.5	25.7
egloos.com	81,746	1.6	2,588,077	2.7	31.7
tattertools.com	49,441	1.0	1,742,428	1.8	35.2
joins.com	30,512	0.6	866,963	0.9	28.4
chosun.com	43,875	0.9	442,504	0.5	10.1
news.go.kr	3,614	0.1	262,977	0.3	72.8
dreamwiz.com	11,964	0.2	240,275	0.2	20.1
ohmynews.com	2,976	0.1	58,350	0.1	19.6
jinbo.net	1,814	0.0	25,843	0.0	14.2
mediamcb.co.kr	1,023	0.0	37,530	0.0	36.7

출처: 야후

털 사이트에서 운영하는 블로그였으며, 이글루스나 태터툴즈와 같은 전문 블로그 사이트도 있다. 블로그의 개수는 네이버가 전체의 약 57.6%를 차지함으로써 독보적인 1위 자리를 유지하고 있음을 알 수 있다.

또한 블로그에 대한 방문자수를 비교해보아도 네이버 블로그의 우위를 재확인할 수 있다. 다만, 다음커뮤니케이션 블로그와의 격차가 시간이 갈수록 점차 좁혀지고 있으며, 최근에는 거의 유사한 수준의 방문자수를 기록하고 있다. 2007년 1년간 월평균 방문자수가 〈표 Ⅲ-13〉에 제시되어 있다. 또한 네이버 블로그는 블로그수나 포스트수에서는 다른 블로그 전문 서비스(예: 이글루스)보다 현저히 앞서 있으나, 실제 방문자수 면에서는 그 격차가 많이 줄어든다는 점도 파악할 수 있다. 이는 블로그 헤비유저(heavy

〈표 Ⅲ-13〉 주요 사이트별 블로그수 및 포스트수 (단위: 1,000명)

월	네이버	다음커뮤니케이션	티스토리	이글루스
1	25,689	18,866	2,451	5,817
2	24,913	18,631	2,787	5,018
3	26,207	18,205	3,992	6,529
4	27,358	20,406	4,737	7,968
5	27,418	23,318	6,716	7,521
6	27,091	22,873	8,069	5,850
7	26,016	23,355	13,367	11,131
8	25,690	24,284	12,373	8,360
9	27,643	26,582	11,684	6,570
10	27,944	27,944	14,348	9,241
11	29,411	27,759	15,194	9,113
12	28,607	28,092	15,361	8,396

user)의 비중이 포털 블로그보다 전문 블로그 서비스에서 더 높다는 점을 시사하는 점이다.

3) UCC 서비스 시장에서 다음커뮤니케이션의 위상

국내 UCC 시장은 다음커뮤니케이션, 네이버, 싸이월드 등 기존의 포털 외에 판도라TV, 엠앤캐스트, 곰TV, 엠군 등 동영상 UCC 전문업체들이 모두 참여하여 경쟁하는 양상을 보이고 있다(한국인터넷진흥원, 2008). 인터넷 환경이 이용자 참여 중심으로 변화하면서 이용자들이 직접 콘텐츠를 제작해서 유통하는 UCC(user created contents) 서비스에 대한 인기가 지속적으로 증가하고 있다. 다음 〈표 Ⅲ-14〉에는 2007년 한 해 동안 주요 UCC 서비스에 대한 방문자수의 추이가 제시되어 있다.

〈표 Ⅲ-14〉에서 보듯이, 동영상 전문 사이트들의 방문자들이 대체로 포털의 동영상 사이트 방문자들보다 더 많은 것으로 나타났다. 다만, 포털의

〈표 Ⅲ-14〉 주요 UCC 서비스 월별 방문자수 추이 (단위: 1,000명, 2007년)

월	동영상 전문 사이트(상위 5개)					포털 동영상 UCC 사이트(상위 3개)		
	판도라 TV	엠앤 캐스트	곰TV	엠군	아프리카	네이버 비디오	싸이월드 동영상	다음 tv팟
1	9,354	9,501	242	6,291	1,870	6,179	3,160	8,260
2	8,258	7,606	99	4,561	1,268	5,431	2,886	8,258
3	10,337	7,324	139	5,931	1,799	5,993	4,021	12,777
4	9,804	7,152	149	6,714	1,704	7,471	3,678	12,299
5	10,778	8,812	927	8,812	1,583	6,852	5,789	10,095
6	9,219	8,084	6,576	7,893	1,964	7,502	3,647	9,317
7	10,541	9,258	7,396	8,654	2,532	6,895	5,359	10,004
8	11,148	7,520	6,723	7,503	1,770	5,372	4,925	10,087
9	11,425	8,304	7,466	7,545	1,748	6,197	4,086	9,747
10	11,351	7,932	6,992	7,932	1,764	8,229	5,882	10,758
11	12,439	8,287	9,325	7,361	1,616	9,330	5,407	11,754
12	12,382	8,505	8,505	7,378	1,836	8,094	5,335	10,326

출처: 메트릭스

경우 다음커뮤니케이션의 UCC 서비스의 성장이 돋보인다. 다음커뮤니케이션은 초기 화면도 UCC 중심으로 바꾸고 검색의 방향성도 'UCC 중심의 검색'으로 바꿈으로써 UCC 시비스의 강화에 한층 힘쓰고 있다. 그 결과 다음커뮤니케이션의 UCC 서비스는 방문자수, 페이지뷰, 체류시간 등 모든 측면에서 다른 포털들의 UCC 서비스를 능가하고 있다.

또한 최근 UCC 서비스가 인기를 얻음에 따라 포털의 커뮤니티 서비스 이용자 중 동영상 서비스를 이용하는 이용자의 규모가 크게 증가하고 있다. 다음 그림과 같이 카페와 블로그 이용자들의 수는 증가세가 대체로 완만하거나 정체되어 있는 반면, 동영상 서비스 방문자의 규모는 빠른 속도로 증가하고 있다.

〈그림 Ⅲ-14〉 주요 포털 동영상 UCC 서비스 월별 방문자수 추이

(단위: 1,000명, 2007년)

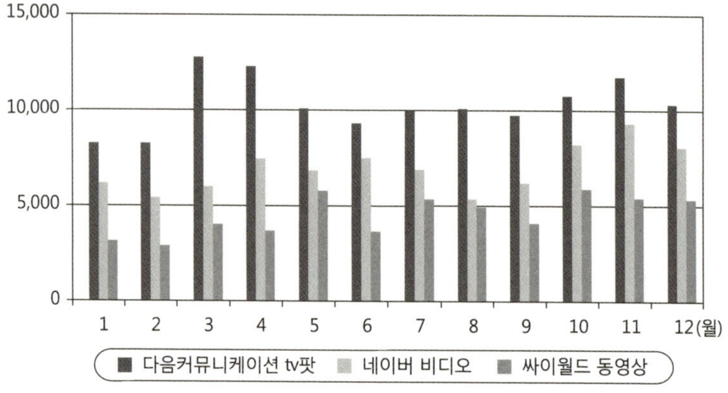

출처: 메트릭스

이러한 추세에 발맞추어 주요 전문 UCC 서비스업체들뿐 아니라 기존의 포털들도 동영상 서비스의 활성화를 위해 노력하고 있다(한국인터넷진흥원, 2008). 다음커뮤니케이션의 경우, 동영상 UCC 전용 플랫폼인 'tv팟'을 열었으며, 판도라TV의 경우 동영상을 실시간으로 볼 수 있도록 RSS 서비스를 제공하고 있다. 〈표 Ⅲ-15〉에는 현재 국내 주요 업체들의 UCC 서비스

〈그림 Ⅲ-15〉 포털의 커뮤니티 서비스 방문자 규모

(단위: 1,000명)

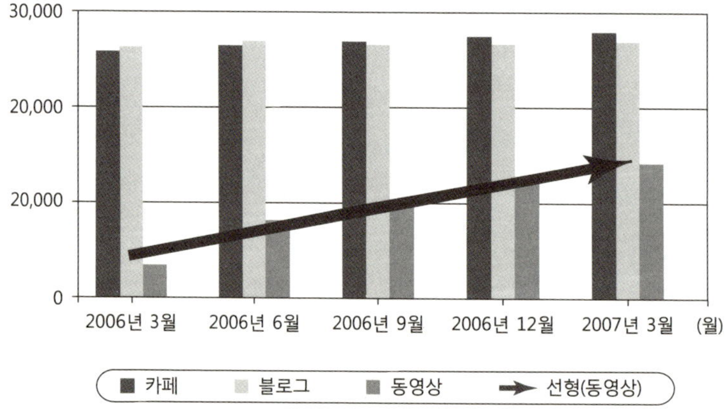

출처: 코리안클릭

〈표 Ⅲ-15〉 주요 포털 및 전문 사이트들의 UCC 서비스 현황

사이트	서비스
다음커뮤니케이션	tv팟, 세계엔, 텔레비존, 기타
네이버	지식iN, 붐, 툰, 네모, 비디오
판도라 TV	프로그램, 채널, 라이브
엠앤캐스트	인기동영상, 카테고리, 스토리, 채널UP
아프리카	BJ 랭킹, 화제의 방송, 오픈TV
아우라	베스트, 핫클립, 매거진, VOD
엠군	카테고리, 랭킹, 스테이션
디오데오	비디오, 오디오, 연예TV, 게임TV, Fun
곰 TV	오픈채널
태그스토리	동영상보기
픽스카우	카테고리

출처: 한국방송영상산업진흥원

현황을 나타내고 있다.

이러한 UCC 서비스는 그것 자체로서 직접적인 수익원이 되지는 못한다. 간혹 UCC와 다른 유료 콘텐츠를 동시에 판매하는 경우가 있긴 하지만, 대부분의 경우는 사이트의 트래픽을 이용한 광고모델을 주된 수익모델로 삼고 있다. 즉, UCC의 화면 일부 혹은 UCC 중간에 배너나 링크를 연계하여 광고를 하거나, UCC를 통해 자연스럽게 증대된 트래픽을 활용하여 광고수익을 증대시키기도 한다.

4 다음커뮤니케이션의 경쟁업체와 다음커뮤니케이션 현황

이제까지 다음커뮤니케이션이 인터넷산업에서 차지하는 위상이 그 어떤 기업에 못지 않다는 것을 개괄적으로 살펴보았다. 본 절을 통해 보다 구체

적으로 다음커뮤니케이션의 경쟁업체들을 조사하면서 다음커뮤니케이션에게 창의적 인적자원이 중요한 이유를 보다 잘 이해할 수 있다.

1) 다음커뮤니케이션 경쟁업체 현황

(1) NHN 현황

국내 인터넷 산업에서 다음커뮤니케이션의 가장 큰 경쟁자는 NHN이다. 국내 포털서비스 제공시장에서 가장 우위를 점하고 있는 업체가 네이버이기 때문이다. 네이버는 검색시장을 개척한 선점자로서 전성기를 누리며 1위를 차지하고 있다. 네이버가 검색시장 1위 자리를 공고히 다지는 가운데, 나머지 포털들도 검색 서비스를 강화해 포털 선두자리를 차지하겠다고 선언하고 있다. 국내에 2,000억 원 정도의 검색시장이 형성되어 있지만, 앞으로도 검색광고가 창출할 시장은 크다. 지금이라도 검색시장에 투자하지 않으면 포털 경쟁에서 뒤쳐질지도 모른다는 위기감을 인터넷 업체들은 가지고 있다.

네이버는 포털서비스 시장에서의 1위 자리를 다지기 위해 고객맞춤을 구현하는 데 노력하고 있다. 검색 서비스에서 사용자 개개인이 만족하는 결과를 주지 못하면 그는 이탈한다. 따라서 사용자에 대한 분석을 통해 원하는 결과를 검색할 수 있도록 네이버는 노력하고 있는 것이다. 선두업체의 위치를 공고히 지키기 위해서는 투자를 더욱 강화해야 한다는 의견도 네이버 내부에서 나오고 있다(장정훈, 2007).

다음에서 제공하는 NHN의 SWOT-Strength(내부강점), Weakness(내부약점), Opportunity(외부기회), Threat(외부위협)－및 4P-Product(제품 및 서비스), Price(가격), Place(사업위치), Promotion(판촉)－에 대한 정보가 NHN의 현황을 이해하는 데 더욱 도움을 줄 수 있다.

① NHN의 "강점, 약점, 기회, 위협"(임원기, 2007)

통합검색 지식검색 같은 서비스를 잇달아 내놓으면서 높은 인지도를 얻

〈표 Ⅲ-16〉 NHN의 "강점, 약점, 기회, 위협"

강점	약점
검색기능의 높은 인지도 및 특성 지식검색, 지식쇼핑 등	카페의 상대적으로 낮은 인지도 뉴스서비스 · 쇼핑분야 취약
기회	**위협**
다양한 콘텐츠 연계사업	타사의 검색 부문 투자 증대 카페시장 성숙기 진입으로 추가적인 블루오션 개척

고 있으며 검색결과를 고객들에게 보여주는 노력 측면에서 압도적으로 훌륭하다. 신선한 느낌의 카페와 광고를 통해 호기심을 자극시키고 지식쇼핑으로 소비자의 구매 결정력을 높이기 위해 가격비교 서비스와 전문가 상품평 리뷰, 관련 뉴스와 블로그, 뉴스 등을 통합 검색해주는 서비스 등을 제공하고 벤치마킹을 통한 다양한 기능 등이 강점으로 작용된다.

그러나 다음커뮤니케이션 카페의 높은 인지도 때문에 네이버 카페는 인지도가 낮고 후발 주자로서의 어려움이 있고 카페를 통한 구체적인 수익모델이 존재하지 않는다. 사람들 인식 속에 카페라고 하면 다음커뮤니케이션이라는 인식이 매우 높은 경향이 있기 때문에 다음커뮤니케이션 카페와 차별화된 장점을 개발하는 것이 쉽지 않다.

현대의 여가생활 비중 증대에 맞춰 다양한 콘텐츠 및 연계사업에 관심을 가지게 되고, NHN은 '게임은 한게임 검색은 네이버'로 다중 브랜드 전략을 하고 있으며, '네이버=검색'이라는 통념을 깨고 종합 포털 사이트라는 이미지를 구축하여 더 많은 성과를 얻고 있다.

그러나 타사의 검색 부문 투자 증대로 인해 검색부문 경쟁에서 추월당한다면 막대한 인지도 손실을 입을 수도 있다. 또한 카페시장의 성숙기 진입으로 카페시장의 추가적인 발전은 무리가 있다.

② NHN의 "제품(서비스), 가격, 위치, 판촉"

NHN의 가장 대표적인 서비스는 '지식in'이다. '지식in'에서 거의 모든 종류의 질문에 대한 선험자들의 의견을 구할 수 있다. '지식in'의 검색 창에서 원하는 정보를 못 찾았을 경우 지식 Q&A(지식Q&A에 질문하기, 지역Q&A에 질문하기, 고민Q&A에 고민쓰기 등)에 물어보면 그에 대한 정보를 구할 수 있다. 또한 '아하! 그렇구나'는 흥미로운 지식들을 구경할 수 있는 곳이고 '집필하기'는 함께 지식을 쌓아가는 공간이다. 넥서치 시그마 서치 역시 NHN의 대표적인 서비스이다. 지능형 검색서비스 '넥서치'를 기반으로 자연어 검색을 통한 문서의 정확도와 웹 페이지의 링크 인기도를 결합해 검색된 페이지들의 순위를 매기는 신개념을 도입해 사용자의 의도에 정확하게 부합되는 사이트와 웹문서를 찾아주는 것이다. NHN은 편지읽기, 쓰기, 수신확인 등의 기본적인 서비스도 제공한다. 편지쓰기의 기능에는 텍스트, 웹 에디터, 모바일메시지(이모티콘 등의 멀티 메시지, 유료)로 보내는 방법이 있다. 또한 카드메일(무료)이 각 테마별로 있다. 네이버 메일을 사용하면서 얻은 활동지수를 포인트화한 기능으로써 포인트를 이용하여 이벤트 참여, 네이버 유료서비스(로또, VOD, 잡지, 퍼즐, 메일용량 늘리기) 등의 서비스를 이용할 수 있다(임원기, 2007: 88). 또한 네이버는 전문검색 기능을 강화하고 있다. 한 예로, 네이버는 카메라 관련 국내 1위 커뮤니티 사이트 SLR클럽과 제휴해 SLR클럽 사이트의 60만 명 회원들이 올린 전문가 수준의 사진과 SLR 기종별 정보, 사용기, 강좌 등 카메라 관련 정보를 제공하고 있다.(http://www.fnnews.com 포털 "이제는 전문검색" 네이버 2008. 4. 5)

지식iN 서비스는 무료이다. 지식iN 서비스를 사용하여 질문을 하고 답변을 하는 데에는 무료이다. 또한 네이버의 회원이 아닌 사람도 질문을 할 수 있게 개방해두었다. 방대한 지식DB를 관리하는 데는 비용이 든다. 하지만 NHN은 지식iN 서비스를 유지하는 비용으로 인해 사용자에게 요금을 부과하고 있지는 않다. 대신에 NHN은 같은 계열사 한게임을 통해 많은 수익을 얻고 있으며, 네이버에서는 주로 광고를 이용해 수익을 얻고 있다(임원기, 2007: 120).

다른 기업에 한발 앞서 해외 시장에 눈을 돌린 NHN은 한국에서 쌓아온 게임 포털 서비스의 경험과 노하우를 활용해 일본 한게임의 웹 게임 시장

〈표 Ⅲ-17〉 네이버의 "제품(서비스), 가격, 위치, 판촉"

제품	가격
지식IN, 넥서치 시그마 서치, 편지읽기, 쓰기, 수신확인, 네이버 메일 마일리지 기능, 전문검색 등	지식IN서비스 무료사용 한게임 및 광고 수입 등에 의존
위치	**판촉**
한국을 넘어 일본에 한게임을 제공	홈페이지의 녹색 이미지화, 지식IN 및 다양한 신규서비스 네이버 캠페인, 검색광고, 스타 마케팅 등

1위 달성 등 눈부신 성과를 기록하며 해당 시장 선점 및 서비스 현지화에 성공했다. 일본 한게임(www.hangame.co.jp)은 일본 최고의 온라인 게임 플랫폼으로 자리잡아 바둑, 대부호, 볼링 등 일본인들이 좋아하는 오프라인 게임과 한국에서 인기를 끌었던 게임을 포함한 160개 이상의 다양한 게임을 제공하고 있다. 일본인들의 취향에 맞는 게임 라인업을 갖춘 일본 한게임은 2008년 2월 기준 회원수 2,500만 명, 동시접속자수 13만 7,000명을 보유하고 있으며, 일본 웹 게임 시장에서 독보적인 1위를 차지하고 있다.

NHN은 녹색을 바탕으로 홈페이지를 제작함으로써 네이버의 기업이미지를 녹색으로 고객에게 시각화하고 있다. 지식iN이라는 네이버의 캠페인 역시 NHN의 판촉에 중요한 역할을 하고 있다. 녹색 실선에 하얀 바탕색의 검색창은 그 의미가 단순 정보검색에서 실생활에 다양한 편의를 제공하는 창구로 보편적으로 받아들여지고 있으며, 더 나아가서는 세상과 소통하는 창구로 그 의미가 확장되고 있다. 다양한 텔레비전 광고에서 네이버의 검색창 이미지를 보여주며, 이곳에 '제품을 쳐보세요'라는 멘트와 함께 NHN을 공동 판촉하기도 한다. 과거 NHN은 판촉을 스타마케팅에 의존했었다. 연예인 전지현의 발랄함을 무기로 연인과의 이별에 대해 가슴 아파하지 않는 신세대의 정서를 보여주며, 다음카페를 넘어서 새로운 커뮤니티인 네이버 카페에 이용자들이 관심을 가져줄 것을 촉구하였다.

(2) 구글 현황(강병준, 2008)

구글은 검색시장에서 다음커뮤니케이션이 주목할만한 경쟁업체이다. 구글은 지난 몇 년간 승승장구했던 인터넷 기업 중 하나이다. 주가는 사상 최고를 경신했고, 언론과 IT기업의 표적이 되곤 했다. 구글 어스, 그리고 무선 랜을 결합해 위치, 검색, 광고의 결합에 의한 새로운 비즈니스 모델 전개에 대한 가능성도 점쳐지고 있다. 물론 구글의 성장에 대해 회의하는 사람도 있다. 이들은 구글이 아이디어는 뛰어나지만 비즈니스 모델은 너무나 단순하다는 점을 지적한다. 즉 광고 이외에 돈을 버는 도구를 가지고 있지 못하다는 비판이다. 특히 야후나 마이크로소프트와 같은 경쟁사들에 비해 미디어 매체로의 전환이 늦고, 고객이 생산한 정보의 자산화에서 뒤진다는 지적도 있다. 너무 오만해졌다는 비판도 있다. 그럼에도 구글은 인터넷의 미래, 정보의 미래에 대해 대담한 아이디어로 산업의 모습을 바꾸는 역할을 하고 있다는 점에서 주목할만하다. 주어진 한계라는 것은 없고, 아직도 개선할 여지가 무궁무진하다라는 말로 구글의 창업자들은 구글 변화 가능성을 강조하고 있다(존 바텔, 2005: 193).

다음에서 제공하는 구글의 SWOT-Strength(내부강점), Weakness(내부약점), Opportunity(외부기회), Threat(외부위협)－및 4P-Product(제품 및 서비스), Price(가격), Place(사업위치), Promotion(판촉)－에 대한 정보가 구글의 현황을 이해하는 데 더욱 도움을 줄 수 있다.

① 구글의 "강점, 약점, 기회, 위협"(강병준, 2008; 존 바텔, 2005)

구글 내부요인의 강점으로는 가장 큰 데이터베이스와 빠른 검색속도, 다국어 지원을 들 수 있다. 구글은 타 검색사이트에 비해 많은 데이터베이스를 보유하고 있으며 이는 고객(사용자)으로 하여금 많은 정보를 제공해주고 빠른 검색속도로 검색 시간의 단축이라는 가치를 전해준다. 또한 다국어 지원은 구글이 세계의 고객을 끌어들이는 데 강점으로 작용한다.

그러나 구글은 제한된 검색조건과 경영자의 경험부족이라는 내부적 약점

〈표 Ⅲ-18〉 구글의 "강점, 약점, 기회, 위협"

강점	약점
관계도 분석에 기반한 자료검색 빠른 검색 속도, 가장 큰 데이터 베이스 우수한 다국어 지원	제한된 검색조건 경영자의 경험부족
기회	**위협**
미개척시장 배너광고 사용	야후, MS의 위협 미개척시장의 자체 성장

을 가지고 있다. 제한된 검색조건은 보유하고 있는 데이터베이스가 많음에도 불구하고 사용자로 하여금 검색의 실패 또는 정보획득의 실패에 직면하도록 만든다. 구글은 방대한 웹문서에서 가장 가치 있는 문서를 자동으로 찾아주는 일에 최적화된 상태이기 때문이다. 지나친 광고 의존도 역시 구글의 문제점으로 부각되고 있다. 인터넷 검색광고에 대한 구글의 매출 의존도는 90% 수준을 넘어서고 있다. 구글이 인터넷 검색에 관한 데이터를 너무 오랫동안 보관함으로써 사생활 관련법에 저촉될 수 있다는 우려도 존재한다. 구글이 최장 2년간 보관하기로 한 데이터에는 검색어와 인터넷 서버 주소 외에 '쿠키' 등에 올린 개인 정보 등이 포함되어 있다. 정교한 인터넷 추적 기술과 방대한 데이터베이스의 분석으로 암암리에 구글 사용자들의 인권이 위협받고 있다.

한국과 같이 아직 구글이 정복하지 못한 미개척시장의 존재가 구글에 기회로 작용할 수 있다. 구글이라는 기업이 이런 미개척시장에 상장됨으로써 기업은 더욱 성장해 나갈 수 있는 기회를 가지게 되고 배너광고는 기존보다 더 많은 수익을 안겨준다.

구글은 과거의 인터넷업계 주도자였던 야후와 MS를 재치고 현재의 자리에 서게 된 것이다. 이로 말미암아 구글은 안도에 빠져 지속적인 개발과 사용자 요구의 반영을 게을리 할 수 있다. 야후와 MS는 지금도 1위의 자리를 위해 더욱 직접적이고 공격적인 마케팅을 준비할 것이며 이는 구글에게는 최대의 위협이 될 수 있다.

② **구글의 "제품, 가격, 위치, 판촉"**(존 바텔, 2005)

구글은 고급검색을 기반으로 '모든 단어 포함, 정확한 문구포함, 적어도 한 단어 포함, 다음 단어들 없이'라는 옵션으로 검색을 보다 정확히 할 수 있다. 또한 언어 설정, 파일타입, 날짜, 검색영역, 도메인설정 등의 기능과 함께 페이지별 검색, 링크페이지 검색 등의 기능도 있다. 구글의 장점은 보다 원하는 검색 결과를 빨리 접할 수 있다는 것이다. 지식검색과 같은 서비스는 다양한 검색 결과를 보여주지만, 정말 원하는 결과물을 얻기 위해서는 적지 않은 노력을 기울여야 한다. 구글이 검색 엔진에 주력하는 이유는 이 노력 비용을 크게 감소시키기 위함이다. 구글은 인터넷에서 가장 빠르고 쉬운 정보검색을 제공하며 30억 페이지를 수집함으로써 가장 적합한 결과를 빠른 시간에 찾는다. 하루에 2억 번 이상의 검색 결과 제공과, 최근 데스크탑기능 추가계획으로 개인의 사소한 이메일이나 보고서를 저장해놓은 것까지 부를 수도 있다.

구글의 일반 사용자는 비용을 거의 지불하지 않는다. 구글은 시간을 포함한 이용 비용의 측면에서 경쟁자에 비해 상대적 우위에 있다. 구글은 광고주가 키워드에 할당한 가치(클릭 당 비용 또는 CPC)에 따라 경매 방식으로 가격이 결정되고, 이로써 이윤을 얻는다.

구글은 거의 전세계 서비스를 제공하고 있다. 2003년 무렵 수천만 명이 매일 구글의 언어지원 기능 중에서 원하는 언어를 선택해서 모국어로 구글을 검색할 수 있게 되었다. 그리스어, 라틴어, 힌두어, 체코어, 포르투갈어, 스페인어, 이탈리아어, 중국어, 일본어, 한국어, 독일어, 프랑스어, 아라비아어, 영어 등 100여 개 언어다.

구글의 판촉은 검색능력에 대한 이용자들의 인정에 의해서 자연스럽게 이루어져오고 있다. 구글이 처음 미국에서 널리 퍼지게 된 이유는 학술적인 자료에 있어서 뛰어난 검색능력을 발휘하여, 대학생과 연구원을 중심으로 인정받았기 때문이다. 현재 국내 학술자료는 데이터베이스화가 잘 되어있는 편이긴 하지만, 폐쇄적으로 존재하여 각 데이터베이스에 개별적으로 접근해야만 한다. 미국에서 야후를 비롯한 경쟁사들의 두 배가 넘는 검색

〈표 Ⅲ-19〉 구글의 "제품, 가격, 위치, 판촉"

제품	가격
고급검색, 세계적으로 우수한 검색기능	광고주가 키워드에 할당한 가치(클릭당 비용 또는 CPC)에 따라 경매 방식으로 가격이 결정
위치	**판촉**
구글의 언어지원 기능-언어를 선택해서 모국어로 구글을 검색	학술적인 자료에 있어 뛰어난 검색 능력, 블로그 등을 통해 구글 서비스를 릴레이식으로 홍보

분야 점유율은 독보적인 검색 서비스 능력에 있다. 구글은 검색 서비스 때문에 탄탄한 마니아층을 확보했다. IT 진화에 빠른 젊은 층은 속속 등장하는 구글의 새로운 서비스를 이용하는 것을 큰 특권으로 여기는 경향도 생겼다. 구글 매니아들은 자신의 블로그를 통해 구글 서비스를 릴레이식으로 홍보하는 구실을 하기도 한다. 구글은 검색에서 벗어나 지금까지 메일, 쇼핑 비교, 메신저, 블로그 등 다양한 서비스를 끊임없이 선보여왔다. 대부분 아직 초기 서비스 단계지만 구글의 자랑인 검색 기능을 접목했다는 공통점이 있다. 새로운 서비스는 매니아층을 열광케 했고 구글이 자신감 있게 다른 서비스를 내놓는 원동력이 됐다. 구글은 서비스를 이슈화해 홍보하는 전략도 구사했다. 이처럼 구글의 마케팅 커뮤니케이션은 전문성과 더불어 재미와 흥미 요소를 전달한다.

(3) 야후 현황(이주호, 2000)

야후가 처음 시작하였을 시에는 구글과 비슷하게 텍스트형 문서를 찾아주는 것이 주 임무였다. 하지만 야후는 목표를 돌려 네이버나 다음커뮤니케이션과 같이 종합 서비스를 제공하는 것으로 바꾸었다. 멀티미디어의 정보 서비스에 대한 수요가 급증하는 것에서 노선을 바꾼 것이라지만 그 서비스의 성격이 다른 포털형 인터넷 서비스에 비해 애매모호하다. 멀티 정보 시스템들의 콘텐츠 개발을 자체 내에서 하는 것이 아니라 다른 포털 사이트를 모방하고 있기 때문이다. 예를 들어 야후가 내세우고 있는 '거기'라는 서비스도 원래 엠파스에서 시작했다. 야후가 광고를 해서 좀 더 잘 알려져 있을 뿐이다. 어린이전용 포털 사이트 또한 네이버가 먼저 출시한 후 1년 뒤 나온 것이다. 현재 야후의 한국시장에서의 위상은 낮다고 할 수 있다. 사용자수가 다음커뮤니케이션 및 네이버에 비해 현저히 적다. 네이버, 다음커뮤니케이션, 네이트, 구글 등의 포털사이트들이 유무선모바일과 연동하여 작동할 수 있도록 조치를 취하는 노력을 하고 있지만 야후의 이러한 노력은 부족하다.

다음에서 제공하는 야후의 SWOT-Strength(내부강점), Weakness(내부약점), Opportunity(외부기회), Threat(외부위협)－및 4P-Product(제품 및 서비스), Price(가격), Place(사업위치), Promotion(판촉)－에 대한 정보가 야후의 현황을 이해하는 데 더욱 도움을 줄 수 있다.

① 야후의 "강점, 약점, 기회, 위협"

'야후' 하면 대표적인 것은 다양한 디렉토리 검색엔진이다 사람이 직접 정리하는 검색엔진으로 보유 데이터베이스가 키워드형 검색엔진에 비해 상대적으로 적으며 우수한 데이터 서비스를 제공하고 강력한 서치 엔진을 제공하고 야후를 사용하면 이 두 검색 엔진이 제공하는 정보도 같이 얻을 수 있다.

그러나 야후는 세계 24개국 글로벌 네트워크로서 한국 특성에 맞는 고유한 서비스를 제공하는 것이 쉽지 않다. 청소년 이용률이 낮고 시스템상의 기술적인 문제와 비슷한 서비스업체의 등장으로 온라인상의 입지의 위축되고 있다.

전세계적인 차원에서 볼 때 야후는 다음커뮤니케이션과 같은 기회에 노출되어 있다. 인터넷 이용자수의 증가 초고속 통신시설의 확충과 점차 E-비즈니스 시장의 확대와 인터넷 이용의 확산으로 전자상거래를 바탕으로 한 디지털 산업시장 규모가 점차 확대되어 가고 있다.

하지만 경쟁업체의 등장과 오프라인 시장의 성장 급격한 환경 변화로 인

〈표 Ⅲ-20〉 야후의 "강점, 약점, 기회, 위협"

강점	약점
다양한 디렉토리 검색엔진	한국 특성에 맞지 않은 서비스 전략 비슷한 업체의 등장으로 인해 온라인상의 입지 위축
기회	**위협**
디지털 시장 규모확대	경쟁업체의 등장 및 성장, 포털화를 지향하면서 수반되는 제반 문제점

해 미래 예측이 불확실하고, 포털화를 지향하면서 수반하는 복합적인 문제점이 있다.

② 야후의 "제품, 가격, 위치, 판촉"

야후는 독자적으로 개발한 '이슈n' 검색 서비스를 선보이고 있다. '이슈n'은 사용자가 검색어를 입력하면 해당 검색어와 관련 있는 뉴스와 블로그, 지식 검색 등의 결과를 통합해 연관 있는 주제별로 묶어서 볼 수 있도록 제공하는 서비스다. 같은 내용의 검색결과를 하나로 묶어주기 때문에 여러 페이지를 넘기지 않아도 다양한 이슈를 확인할 수 있다. 따라서 검색결과의 질도 높이고 주제별 관련 정보 습득도 편리하다는 것이 야후 측의 설명이다. 예를 들어 '일산초등학생납치'라는 검색어를 입력하면 피의자 범행시인과 과거 행적, 사건 경위, 정부 CCTV 확대안, 학부모 항의 시위 등 관련 주제별 검색 결과가 제공된다(http://www.fnnews.com 포털 "이제는 전문검색"야후 2008. 4. 5). 원하는 검색 결과를 찾았을 시, 각 검색 결과에 위치한 '저장'이나 '메모'를 클릭하여 검색결과와 메모를 함께 저장할 수 있다. '거기'라는 서비스를 이용하여 특정 지역의 위치 및 관련정보에 관한 것을 지도에서 한눈에 알아볼 수 있다. 정보에 관한 평가는 사용자 리뷰를 하고 있다.

검색, 메일 등 대부분의 기능이 무료이며, 야후는 주로 광고를 통해 수익을 얻는다.

〈표 Ⅲ-21〉 야후의 “제품, 가격, 위치, 판촉”

제품	가격
마이써치, 퀵써치, 웹문서의 언어, 지역 선정 기능, 휴대폰 메일 알림, 일정 관리기능	검색, 메일 등 대부분의 기능이 무료, 광고를 통한 수익
위치	**판촉**
글로벌 네트워크	미디어 광고, 키워드 검색 광고

야후는 한국에 서비스를 제공할 뿐 아니라 세계 100개국 언어로 전세계 웹서비스를 제공하고 있다.

야후는 처음 소비자 유통 전문지에 창립자의 마케팅을 소개하고, 경영기술과 전문성을 경제지에 부각시켜 큰 효과를 거두었다. 최고의 이벤트와 곡예 마케팅은 매우 중요한 요소이다. 뉴욕 거리에서부터 샌프란시스코 택시, TV광고에서 라디오 광고, 폭스바겐은 물론 레이싱카에까지 가능한 수단을 동원했다(오문길·최병호, 2001: 178-186).

2) 다음커뮤니케이션 현황

다음커뮤니케이션은 태동기, 도약기, 성장 및 수성기, 역전기, 재도약기를 거쳐 발전해오고 있다고 할 수 있다(이호근·이승창, 2003; 이상훈·김형진·이호근, 2007). 1995년 2월 창업부터 1997년 5월 한메일 서비스 제공 전까지를 태동기, 1997년 11월 한메일 서비스 시작부터 1999년 11월 코스닥 상정 전까지를 도약기, 1999년 코스닥 상장 후부터 2004년 네이버의 다음 추월까지를 성장 및 수성기, 2004년 이후부터 2009년 “Life On Daum”이라는 신규 비전을 제시하기까지를 역전기, 2009년 “Life On Daum”이라는 다음커뮤니케이션의 새로운 사업비전을 제시한 이후에 신개념 지도 서비스인 ‘로드뷰’를 시작하고 다음커뮤니케이션의 다양한 서비스들을 모바일 환경에서 구현하려는 노력을 하고 있는 지금까지를 재도약기로 부를 수 있다.

다음에서 제공하는 다음커뮤니케이션의 SWOT-Strength(내부강점), Weakness(내부약점), Opportunity(외부기회), Threat(외부위협)—및 4P-Product(제품 및 서비스), Price(가격), Place(사업위치), Promotion(판촉)—에 대한 정보가 다음커뮤니케이션의 현황을 이해하는 데 더욱 도움을 줄 수 있다.

(1) 다음커뮤니케이션의 "강점, 약점, 기회, 위협"

다음커뮤니케이션은 국내 최초의 무료 개인 메일 서비스인 한메일넷과 정을 중시하는 우리 민족의 특징에 포커스를 맞춘 커뮤니티 서비스인 '다음카페'로 포털 선두 기업으로 자리잡았다. 다음커뮤니케이션이 1위 기업으로 자리잡을 수 있었던 요인은 한국 최초의 무료전자메일 서비스와 한국의 특성에 맞는 현지화 전략 등에 있었으며, 그 긍정적 영향이 지금도 이어지고 있다. 또한 인터넷 서비스 1위 업체로서의 위상을 되찾으려는 노력 아래, 새로운 차원의 지도 서비스를 제공하고 다음커뮤니케이션의 신, 구 서비스들을 모바일 환경에서 최고의 수준으로 구현하려는 시도들이 다음커뮤니케이션의 강점이라고 할 수 있다.

하지만 지속적인 콘텐츠 유지 강화에 대한 노력이 부족했고 수익성이 검증되지 않은 새로운 사업으로 무리하게 진출하는 데 역량을 낭비함으로써 문어발식 사업확장을 했던 대나수의 기업들이 그러했듯 다음커뮤니케이션 커뮤니케이션 또한 수익성의 악화로 어려움을 겪었던 적이 있다. 타 사이트에 비해 검색 기능이 취약하고 스팸성 자료가 많다는 약점이 있었다. 또한 소비자의 욕구를 정확히 파악한 참신한 콘텐츠를 개발해온 경쟁사들의 노력에 대비되는 콘텐츠 개발 노력이 부족했었다.

2007년부터 TV광고 및 각종 마케팅을 통해 UCC에 집중하는 모습을 보이던 다음커뮤니케이션의 검색시장 올인(all-in) 선언이 화제가 되기도 하였다. 다음커뮤니케이션은 최근들어 검색시장에서의 매출과 시장점유율 확대에 적극 나설 계획이라고 밝힌 바 있고, 네이버와의 검색 전쟁을 위해 동

〈표 Ⅲ-22〉 다음커뮤니케이션의 "강점, 약점, 기회, 위협"

강점	약점
• 카페의 선도기업－높은 인지도 보유 • 많은 회원수: 다양한 방면으로 활용이 용이(사람찾기, 쇼핑, 자동차보험 등) • 지도서비스, 모바일서비스	검색서비스가 강화되었으며, 엔터테인먼트 측면에 특화된 데이터베이스를 구축하였으나, 지식데이터베이스는 약한 편
기회	**위협**
• 인터넷의 활용 증가 • 쇼핑, 뉴스서비스, 보험 등 • 온라인 동호회 증가 • 관심·취미 등의 공감대 형성	• 인터넷 검색시장 경쟁격화 • 각종 쇼핑몰 성장 • 타사의 카페시장 진입 • 신성장 시장 장악 필요성

영상, 지역, 사전 등 전문 검색과 함께 카페 검색을 전면에 내세웠다. 그리고 다음커뮤니케이션은 네이버의 실시간 검색어와의 차별성을 강조하기 위해 검색 트렌드 서비스를 제공하여 다음커뮤니케이션 검색 이용객들의 추이를 한눈에 비교할 수 있도록 하는 등 인지도를 높이기 위한 노력을 지속하고 있다.

하지만 경쟁의 격화와 각종 인터넷 쇼핑몰의 등장으로 성장에 어려움이 있고, 타사의 카페시장 진입이 활발해지면서 카페시장의 보호에도 난항을 겪고 있다. 한메일과 카페서비스를 바탕으로 국내 인터넷 시장 1위 사이트였던 다음커뮤니케이션은 지식인을 앞세운 네이버에 밀린 이후 그 아성을 넘기 위해 노력하고 있다. 다음커뮤니케이션은 고객들의 소리에 좀 더 귀를 기울이고 기존의 인지도가 높은 서비스를 유지 강화하고 앞으로의 유행 변화를 정확히 예측하여 참신한 콘텐츠를 개발하고자 노력하고 있다.

(2) 다음커뮤니케이션의 "제품, 가격, 위치, 판촉"

"Life On Daum"이라는 비전 재정립과 함께, 다음커뮤니케이션은 고객들의 생활 구석구석에 치밀하게 파고드는 인터넷 서비스를 제공, 기획하고 있다. 개인의 라이프 스타일에 가장 최적화된 생활형 검색서비스로 검색서

〈표 Ⅲ-23〉 다음커뮤니케이션의 "제품, 가격, 위치, 판촉"

제품	가격
검색, 지도, 커뮤니티, 한메일, 콘텐츠(부동산, 키즈), 미디어, 모바일	배너광고, 검색광고
위치	**판촉**
사무소: 서울, 제주도	홈페이지의 컬러화, 광고의 활용

비스의 방향을 구체화하고 있다. 다음커뮤니케이션의 전통적인 서비스인 메일 및 커뮤니티 서비스 역시 사용자 맞춤형 서비스로 진화하고 있다. 또한 다음커뮤니케이션은 이용자들이 자신의 일상에서 가장 필요로 하는 콘텐츠를 포함하는 온라인 서비스를 개발하고자 하고 있다. 특히, 지도서비스가 집중적으로 개발되고 있다. 또한 다음커뮤니케이션의 이 다양한 서비스들이 이용자들의 생활에 좀 더 밀착될 수 있도록 모바일환경에서 이들을 구현하고 있다.

다음커뮤니케이션은 파랑, 연두, 노랑, 주황을 바탕으로 한 로고의 색을 고객에게 인지시키고자 지속적으로 노력하고 있다. 광고의 활용 역시 다음커뮤니케이션의 판촉에서 빠질 수 없는 부분이다. 현재의 광고는 특히 로드뷰 서비스와 비전인 "Life On Daum"을 알리는 데 초점이 맞추어져 있다.

5 다음커뮤니케이션 사례 채택의 배경

1995년에서 2010년에 이르기까지의 다음커뮤니케이션 역사를 살펴보고, 현재 다음커뮤니케이션의 경쟁구조 및 위상을 조사함으로써 다음커뮤니케이션의 경영전략이 어떻게 변화해왔는지를 알 수 있다. 한메일 무료 서비스 및 다음카페의 활성화를 통해 다음커뮤니케이션은 확고히 자신의 위상을 인터넷산업에서 설립하였다. 그리고 이러한 고정고객의 증가는 광고 수입뿐 아니라 전자상거래 규모를 크게 확대하여 한국을 대표하는 인터넷 포털 업체로서 다음커뮤니케이션은 인정받았다.

그러나 현재 다음커뮤니케이션이 당면한 경쟁상황은 위협적이다. 지식검색 서비스에 집중적인 투자를 하며 인터넷 비즈니스 1위 기업으로 입지를 굳히고 있는 NHN의 약진으로, 다음커뮤니케이션이 추진했던 인터넷 비즈니스 리더로서의 수성(守成)전략은 1위 탈환으로 수정되었다. 생활밀착형 온라인 커뮤니케이션 제공업체라는 비전을 가지고 추진되고 있는 다음커뮤니케이션의 조직변혁 노력은 SK텔레콤이 운영하는 싸이월드와 같은 커뮤니케이션 서비스들과 경쟁하고 있다. 또한 서비스 컨버전스를 통해 새로운 위협 세력으로 부상하고 있는 유, 무선 통신사와의 경쟁 역시 위협적이다.

다음커뮤니케이션은 다시 인터넷 비즈니스 1위 기업이라는 과거의 명성을 되찾는 데 절박하다. 이는 과거 다음커뮤니케이션의 한메일서비스 및 다음카페 서비스와 같이 소비자들이 미처 놓치고 있는 자신의 욕구를 발견하게끔 하는 새로운 성장동력의 창조 및 시장의 선점으로서 가능하다. 이는 미래를 선도하는 지적 자산에 의해 성취될 수 있다.

따라서 그 누구보다 인터넷 비즈니스 1위 위상 회복에 목말라 있는 다음커뮤니케이션이 창의적 인적자원에 대한 강조가 강력할 것이라고 판단할 수 있다. 실제로 다음커뮤니케이션은 새로운 사옥을 제주도에 마련하여 전혀 새로운 환경에서 창조적 성과를 기대하는 등 다른 인터넷기업들과는 차별적인 전략을 통해 창조적 인적자원에 회사의 사활을 걸고 있다. 이러한 절박함과 진정성을 고려하여 다음커뮤니케이션을 이 책의 사례 기업으로 채택하였다.

제 IV 장

현재 다음커뮤니케이션의 조직문화와 인적자원관리

본서는 다음커뮤니케이션의 사원들이 창의적 성과와 함께 할 수 있도록 하기 위해서 조직문화 및 인적자원관리 측면의 방법을 생각해보고자 하는 목적을 가지고 있다. 이를 위해서 다음 커뮤니케이션 현재의 조직문화와 인적자원관리를 살펴보는 것이 필요하다.

1 현재 다음커뮤니케이션의 조직문화

다음커뮤니케이션은 매우 역동적인 조직문화를 가지고 있다. 회사 스스로가 묘사하는 다음커뮤니케이션의 조직문화는, Open communication/Creative/Fun/Moral management/Social Responsibility의 다섯 가지 키워드로 설명될 수 있으며, 이들은 모든 인사제도 전반에 녹아 있다. 다음커뮤니케이션의 호칭문화, 복장문화, 커뮤니케이션문화, 공유문화, 기부문화 등을 통해 이를 확인할 수 있다.

다음커뮤니케이션은 오픈 커뮤니케이션을 지향하는 기업문화를 창립초기부터 지향하고 있어, 창립 초기부터 직책 등에 상관없이 모두 '~님' 호칭을 사용하고 있다. 또한 창업초기부터 자유로운 복장문화를 추구함으로, 개인의 다양성을 최대한 존중하고 있다. 한편 다음커뮤니케이션은 장소와 시간에 구애받지 않는 사내 메신저를 활용한 업무방식으로 고정적인 업무방식을 지양하고 있으며, 인터넷기업의 특성을 잘 살려 물리적 공간에 구애받지 않고 네트워크 연결이 되어 있는 곳이라면 언제 어디서나 컨퍼런스콜, 화상 시스템 등을 통해 효율적인 회의를 진행할 수 있도록 하고 있다.

다음커뮤니케이션은 직무 특성상, 여러 개의 직군으로 분리되어 있는 직군 간 원활한 커뮤니케이션과 공감대 형성을 위하여, 사내 직군 간 크로스오버 컨퍼런스(crossover conference) 제도를 운영하고 있다. 컨퍼런스를 통하여, 사내 산재된 지식의 공유와 소통을 통해 내부 경쟁력을 강화할 수 있는 장점과 더불어, 리프레쉬 프로그램(만찬, 공연, 기타 리프레쉬 프로그램)을 통하여, 사우간 친밀도를 높일 수 있다. 서울사옥에서 운영중인 사내 카페테리아에서는, 사회공헌 활동을 위한 기부금의 명목으로 200원이면, 각종 커피류와 음료를 제공받을 수 있다. 모아진 기부금은 사회적 공익활동을 위한 기금으로 활용된다.

뿐만 아니라 다음커뮤니케이션은 연말에 한 해 동안 이루어낸 다음인의 업적과 노고를 서로 칭찬하기 위한 다송밤(다음 송년의 밤)을 열고, 우수사원 포상제도인 '다음 STAR' 시상을 진행하고 있다. 다음 STAR는 각 조직별로 선발되며, 전원 해외워크샵 및 금명함 등의 포상품이 수여된다. 또한 다음커뮤니케이션은 '설레는 제안'이라는 이름 아래, 서비스 사내제안제도의 운영을 통해, "Life on Daum" 실현을 위한 직원들의 자발적인 참여를 이끌어내고 있다. 제안제도 참여를 통하여, 직원들은 본인 또는 프로젝트를 통해 서비스 아이디어를 직접 제안하고, 채택될 경우, 포상금과 함께, 서비스화도 가능한 기회를 얻게 된다. '설레는 책'은 디지털 도서관(설레는 책 도서관)의 개념을 도입한 것으로, 직원들은 매월 1회, 본인이 원하는 직원에게 책을 선물할 수 있으며, '설레는 책'을 통해 선물된 도서들은, 동료 다음인들에게 공개되어, 서로 함께 나눌 수 있는 '공유 플랫폼'이다.

다음커뮤니케이션이 묘사하는 그들 자신의 조직문화에 대한 모습이 다음커뮤니케이션의 조직문화를 이해하는 좋은 기초자료가 될 수 있다. 하지만 본서의 목적에 맞는 보다 정확한 분석을 위해 경쟁가치모형을 활용하여 다음커뮤니케이션의 조직문화를 진단해보았다. 다음커뮤니케이션의 전 사원을 대상으로 하여 실시된 본 설문조사는 다음과 같은 설문지를 활용하여 진행되었다.

〈조직진단 설문지〉

재직하시는 조직의 현재 모습은 어떠하고, 바람직한 모습은 어떠하십니까? 다음의 표에 귀하의 생각을 점수로 답해 주십시오. 바람직한 모습이란 '조직이 발전하기 위해 갖추어야 한다고 생각되는 모습'을 뜻합니다. 아래의 예시처럼 점수의 합이 100점이 되도록 점수를 주시기 바랍니다. 감사합니다.

직군: 직책: 근무지역:

〈예시〉

우리 회사의 조직 분위기는?	현재 모습	바람직한 모습
A. 동료간에 가족적 분위기이며 서로 마음이 잘 맞는다	27	33
B. 매우 역동적이며 진취적이며, 구성원들이 새로운 시도를 한다	30	20
C. 결과를 매우 강조하고 구성원들은 매우 경쟁적이고 성취적이다	13	27
D. 매우 통제적이고 공식적 업무절차가 중시된다	30	20
합 계	100	100

1. 우리 회사의 조직문화의 주된 특징은?	현재 모습	바람직한 모습
A. 매우 인간적이고 가족적이며 구성원은 서로 마음이 잘 맞는다		
B. 매우 역동적이며 진취적이며, 구성원들이 업무에 있어서 새로운 시도를 하는 것을 두려워하지 않는다		
C. 결과를 매우 강조하고 구성원들은 경쟁적이고 성취지향적이다		
D. 매우 통제적이고 공식적 업무절차가 중시된다		
합 계	100	100

2. 우리 회사 경영진의 리더십 스타일은?	현재 모습	바람직한 모습
A. 부하를 멘토링 해주고 구성원을 돌봐주거나 육성시킨다		
B. 진취적이고, 혁신을 조장하며, 기꺼이 위험을 감수한다		
C. 결과(목표) 달성에 초점을 맞추고 있다		
D. 조정자 역할, 조직화, 혹은 효율성을 원만하게 추구한다		
합 계	100	100

3. 우리 회사의 경영관리 스타일은?	현재 모습	바람직한 모습
A. 팀웍과 합의를 중시하며, 구성원의 활발한 참여를 중시한다		
B. 구성원의 도전정신, 창의성, 자율성, 독창성을 중시한다		
C. 강한 경쟁력과 높은 수준의 성과달성을 중시한다		
D. 고용 안정, 예측가능한 경영, 안정성을 중시한다		
합 계	100	100

4. 회사 전체를 하나로 묶어주는 요인은?	현재 모습	바람직한 모습
A. 조직에 대한 충성심과 구성원간의 상호 신뢰		
B. 회사가 혁신을 추구하고 새로운 것을 계속 시도하는 것		
C. 목표 달성을 중시하며 공세적 마인드와 시장에서 1등이 되려는 정신		
D. 공식적인 규정과 정책을 중시하며 원만한 조직운영을 중시		
합 계	100	100

5. 우리 회사의 전략적 주안점은?	현재 모습	바람직한 모습
A. 인재 육성과 높은 신뢰감, 개방성 및 참여를 중시한다		
B. 새로운 자원/역량 획득, 새로운 시도, 기회 창출을 중시한다		
C. 도전적인 목표 달성과 경쟁에서의 승리를 중시한다		
D. 영속성, 안정성에 중점을 두며 능률과 통제, 원만한 운영을 중시한다		
합 계	100	100

6. 우리 회사가 중시하는 '성공(success)'의 의미는?	현재 모습	바람직한 모습
A. 인재 개발, 우수한 팀웍, 구성원의 충성심, 구성원에 대한 배려가 잘되는 것		
B. 혁신적 제품/서비스 개발, 새로운 혁신을 주도하는 것		
C. 경쟁기업을 앞서며 시장 경쟁에서 승리하는 것		
D. 효율성(차질없는 업무수행, 효율적 생산, 일정 준수 등)		
합 계	100	100

앞서의 설문지는 총 여섯 개의 질문으로 이루어져 있다. 각 질문에는 네 개(A, B, C, D)의 보기가 주어진다. 응답자는 네 개의 보기 중에서 어떤 것이 질문에 보다 더 혹은 덜 적절한지를 생각한다. 그 후, 합계가 100이 되도록 각 보기에 가중치를 주어 숫자를 기입한다. 보기A는 공동체형, 보기B는 혁신형, 보기C는 시장형, 보기D는 위계형 조직문화 유형을 함의한다. 다양한 측면에서 조직문화 유형을 측정하기 위해서 1번 질문은 조직문화의 주된 특징, 2번 질문은 리더십 스타일, 3번 질문은 경영관리 스타일, 4번 질문의 회사의 구심점, 5번 질문은 전략적 주안점, 6번 질문의 조직 내 성공의 의미에 대해서 묻는다. 설문이 완성된 후, 한 조직원의 1~6번 질문에 걸친 응답의 평균점수 A, B, C, D를 각각 구한다. 조직전체 혹은 직군, 직책, 근무지역별로 이를 다시 평균하여 해당 조직 혹은 그룹의 네 가지 유형 조직문화 점수를 얻는다.

본 설문지는 응답자가 생각하는 현재의 조직문화뿐만 아니라, 바람직한 조직문화 역시 측정한다. 이는 문화격차(culture gap)를 측정하기 위함이고, 조직문화를 누군가 한 명이 측정한다는 것은 현실을 온전히 반영하지 못하게 할 위험이 있다. 본 설문의 경우 최대한 많은 사원을 대상으로 실시하였기 때문에 이런 위험이 줄어든다. 적어도 사원들이 느끼는 현재의 조직문화와 바람직한 조직문화에 대한 힌트를 얻을 수 있다. 이것이 사실과 꽤 다를 수 있다 할지라도, 이는 상당히 중요한 근사치의 의미를 갖는다. 하지만 바람직한 조직문화의 모습에 대해서는 그것이 정말로 조직 전체에 도움이 될지를 주의하여 해석해야 한다. 왜냐하면 이것은 어디까지나 조직원들의 의견일 뿐이기 때문이다. 특히 조직원은 자기의 이익을 염두해 설문에 응할 가능성이 있다. 그럼에도 불구하고, 조직원의 의견은 가볍게 여길 수 없고 특히 문화격차가 큰 경우, 사원에 대한 면접 등을 통해 진정 문제가 있는가를 확인하고 이를 개선해나가는 노력이 필요하다.

1) 조직전체 분석자료

〈그림 Ⅳ-1〉을 통해 다음커뮤니케이션 조직 전체의 조직문화를 가늠해 볼 수 있다. 그림에서 실선은 다음커뮤니케이션의 사원들이 느끼는 현재 다음커뮤니케이션의 조직문화이며, 점선은 그들이 생각하는 바람직한 다음커뮤니케이션의 조직문화이다. 전반적인 양상을 볼 때, 다음커뮤니케이션의 사원들은 공동체형 및 혁신형 조직문화가 현재보다 확산되어야 한다고 느끼는 반면, 위계형 및 시장형 조직문화는 현재보다 줄어들어야 한다고 생각한다. 즉, 조직을 내부적으로 통합함에 있어서는 지금보다 조금 더 자율적이고 유연한 것이 바람직하다고 다음커뮤니케이션의 구성원은 생각하고 있다. 그리고 조직이 외부 시장에서 성과를 내도록 함에 있어서는 단기간의 즉각적인 성과보다는 장기간의 성과에 다음커뮤니케이션이 보다 중점을 두는 것이 바람직하다고 생각하고 있다. 다음커뮤니케이션에 퍼져 있는 조직구성원들의 평균적인 사고는 다음의 문장으로 요약할 수 있다. “조직

〈그림 Ⅳ-1〉 조직전체 조직문화

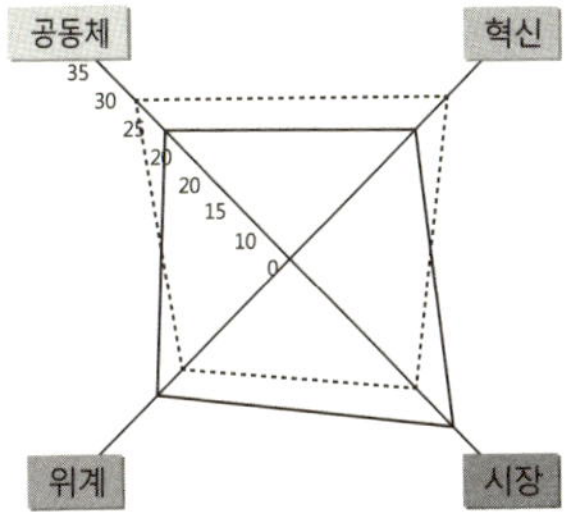

	현재 모습	바람직한 모습	문화격차
공동체	23.41	28.93	5.53
혁신	22.73	29.05	6.32
시장	29.51	22.45	7.07
위계	24.35	19.57	4.78

실선: 현재 모습, 점선: 원하는 모습

내·외부 모두에서 안정적으로 관리하려는 현재의 조직문화에서 벗어나서, 구성원들을 좀 더 믿고 기다려주는 자율적이고 유연한 조직문화를 확보하는 것이 다음커뮤니케이션에 바람직하다." 이러한 다음커뮤니케이션의 전체 조직문화에 대한 분석결과는 조직구성원의 응답을 평균한 것이기에 다음커뮤니케이션의 현재 상황에 꼭 맞는 처방이라고 단정지을 수는 없다.

설문을 시작할 당시 인터넷 기업의 특성상 다음커뮤니케이션에는 장기간의 목표에 토대를 두고 유연하고 자유롭게 사원들을 대하는 공동체형, 혁신형 조직문화가 강하게 나타날 것이라고 기대했었다. 하지만 본 연구의 기대와는 달리, 공동체형, 혁신형 조직문화가 시장형 및 위계형 조직문화에 비해 차별적으로 강하지는 않았다.

2) 직책별 분석자료

다음의 〈그림 Ⅳ-2〉, 〈그림 Ⅳ-3〉, 〈그림 Ⅳ-4〉는 직책별로 나누어 조직문화에 대한 응답을 평균한 값이다. 수평적인 조직을 강조하는 다음커뮤니케이션의 실무진에는 세 개의 직책이 존재한다고 할 수 있다. 본부장, 팀장, 팀원이 바로 그것이다. 세 직책 모두 위계형 및 시장형 조직문화는 축소되고, 공동체형 및 혁신형 조직문화는 확대되는 것이 바람직하다고 여기는 점에서 공통적이라고 할 수 있다.

하지만 여기에 주목할만한 점이 몇 가지 있다. 첫째, 임원급 인사일수록 조직문화의 현 모습이 좀 더 시장형에 가깝다고 느낀다. 임원급 인사가 느끼는 외부성과에 대한 압박이 사원들에게 느끼는 그것에 비해 다소 강하다.

다음으로, 다음커뮤니케이션의 위계형 조직문화에 대한 본부장, 팀장, 팀원의 시각차이는 다소 존재하는 것으로 보이며. 본부장에 비해서 팀장은, 팀장에 비해서 팀원은 현재 조직이 위계적이라고 느낀다. 그리고 팀원으로 갈수록 위계적인 성격이 없어질수록 조직이 바람직하다고 생각한다.

조직의 전략이 실천되기 위해서는 조직 내부에 현재의 조직문화 상태에 대한 공통적인 인식이 있어야 한다. 다음커뮤니케이션의 경우, 현재 시장형 및 위계형 조직문화에 대한 인식이 본부장, 팀장, 팀원 사이에 차이가 보인다. 따라서 다음커뮤니케이션에게 필요한 조직문화에 대한 의견을 전 사원에 걸쳐 통일하고 서로 소통하여 이를 일치시키려는 노력이 필요하다. 그 구체적인 모습이 어떤 형태를 띨지 단정지을 수는 없지만, 상당히 높은 수준에서 시장형 및 혁신형 조직문화를 유지하고, 그러한 추구가 조직 내부 기반을 무너뜨리지 않을 정도로 공동체형 및 위계형 조직문화를 가지는 애플사의 재도약기 조직문화를 예로 들 수 있을 것이다.

(1) 본부장

〈그림 Ⅳ-2〉 본부장 조직문화

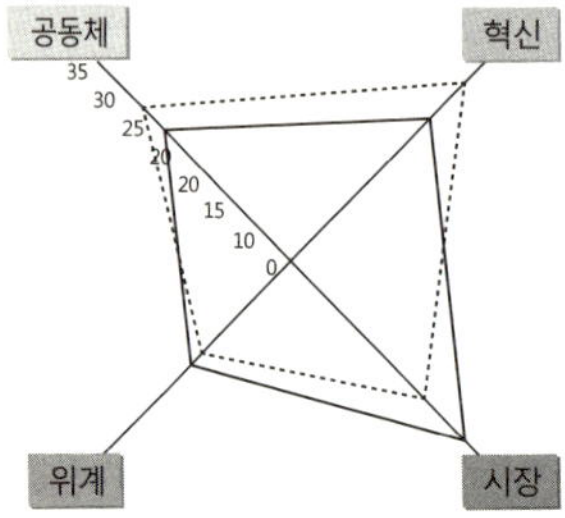

	현재 모습	바람직한 모습	문화격차
공동체	23.42	27.25	3.83
혁신	25.67	31.75	6.08
시장	32.33	24.50	7.83
위계	18.58	16.50	2.08

실선: 현재 모습, 점선: 원하는 모습

(2) 팀장

〈그림 Ⅳ-3〉 팀장 조직문화

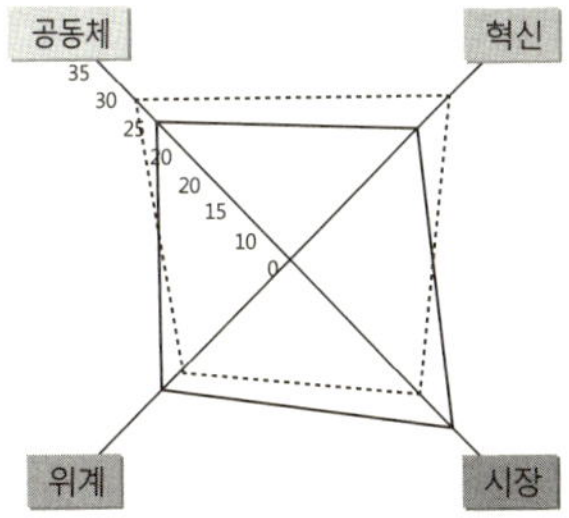

	현재 모습	바람직한 모습	문화격차
공동체	23.92	28.04	4.12
혁신	23.12	28.62	5.50
시장	30.20	23.90	6.29
위계	22.77	19.44	3.33

실선: 현재 모습, 점선: 원하는 모습

(3) 팀원

〈그림 Ⅳ-4〉 팀원 조직문화

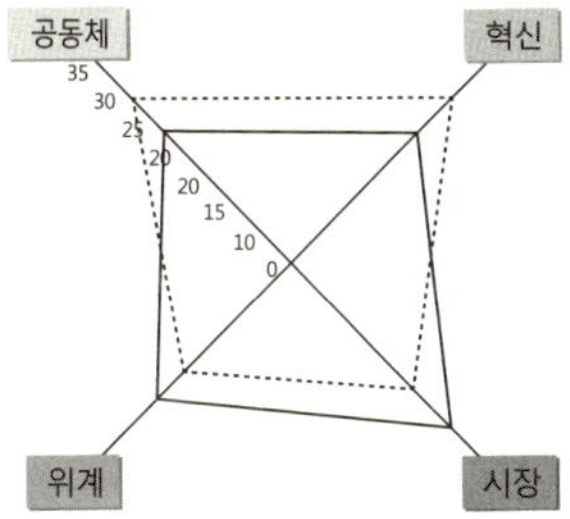

	현재 모습	바람직한 모습	문화격차
공동체	23.34	29.09	5.76
혁신	22.61	29.05	6.44
시장	29.36	22.20	7.16
위계	24.69	19.66	5.04

실선: 현재 모습, 점선: 원하는 모습

3) 직군별 분석자료

다음의 〈그림 Ⅳ-5〉, 〈그림 Ⅳ-6〉, 〈그림 Ⅳ-7〉, 〈그림 Ⅳ-8〉, 〈그림 Ⅳ-9〉, 〈그림 Ⅳ-10〉는 직군별로 나누어 조직문화에 대한 응답을 평균한 값이다. 다음커뮤니케이션에 Business, Corporate Center, Marketing, Service, Technology, User Experience Design이라는 여섯 개의 직군이 존재한다. 여섯 직군 모두 위계형 및 시장형 조직문화는 축소되고, 공동체형 및 혁신형 조직문화는 확대되는 것이 바람직하다고 여기는 점에서 공통적이라고 할 수 있다. 이는 조직전체 분석자료나 직책별 분석자료에서도 일관된 현상이었다.

현재 및 바람직한 조직문화의 모습에 대해서 직군별로 큰 차이가 없었기 때문에 차별적 시사점을 얻기는 어렵다.

종합해볼 때, 모든 직군에서 조직구성원들이 느끼는 네 가지 유형의 조직문화에 대한 문화격차가 대략 5점 정도이다. 이는 다음커뮤니케이션 현재의 조직문화가 조직구성원들이 느끼는 바람직한 모습과는 약간의 차이가 있다는 의미이다. 특히, Service 및 User Experience Design 직군이 느끼는 시장형 및 혁신형 조직문화에서 그 정도가 심했다. 비록 조직구성원들의 의견이 반드시 옳다고 할 수는 없다고 할지라도 여기서 나타나는 문화격차의 이유를 조사하고 이에 대한 적절한 대응이 필요하다. 이렇게 하여 바람직한 조직문화가 전 사원 공감대를 통해 뿌리를 내리게 되면 창의적 인적자원이 힘껏 역량을 발휘할 수 있게 될 것이다.

(1) Business

〈그림 Ⅳ-5〉 Business 조직문화

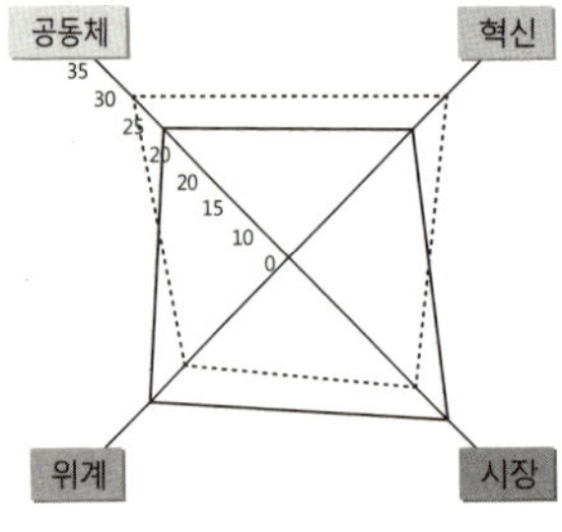

	현재 모습	바람직한 모습	문화격차
공동체	22.98	28.69	5.71
혁신	22.60	28.75	6.15
시장	28.72	23.27	5.45
위계	25.71	19.29	6.42

실선: 현재 모습, 점선: 원하는 모습

(2) Corporate Center

〈그림 Ⅳ-6〉 Corporate Center 조직문화

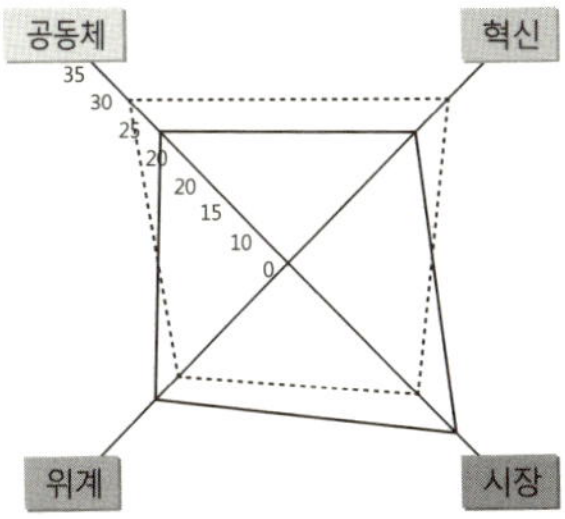

	현재 모습	바람직한 모습	문화격차
공동체	23.37	28.92	5.55
혁신	22.86	28.94	6.07
시장	29.71	22.39	7.32
위계	24.09	19.74	4.35

실선: 현재 모습, 점선: 원하는 모습

(3) Marketing

〈그림 Ⅳ-7〉 Marketing 조직문화

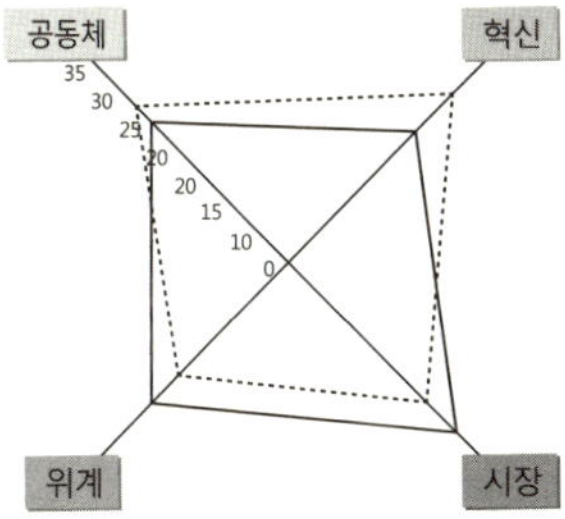

	현재 모습	바람직한 모습	문화격차
공동체	24.38	27.11	2.73
혁신	22.31	28.50	6.19
시장	28.53	24.16	4.37
위계	24.79	20.24	4.55

실선: 현재 모습, 점선: 원하는 모습

(4) Service

〈그림 Ⅳ-8〉 Service 조직문화

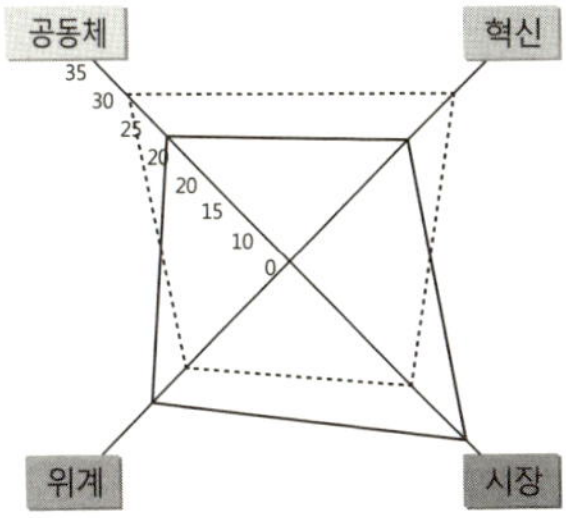

	현재 모습	바람직한 모습	문화격차
공동체	22.33	29.76	7.43
혁신	21.19	29.30	8.11
시장	31.57	22.08	9.49
위계	24.91	18.87	6.05

실선: 현재 모습, 점선: 원하는 모습

(5) Technology

〈그림 Ⅳ-9〉 Technology 조직문화

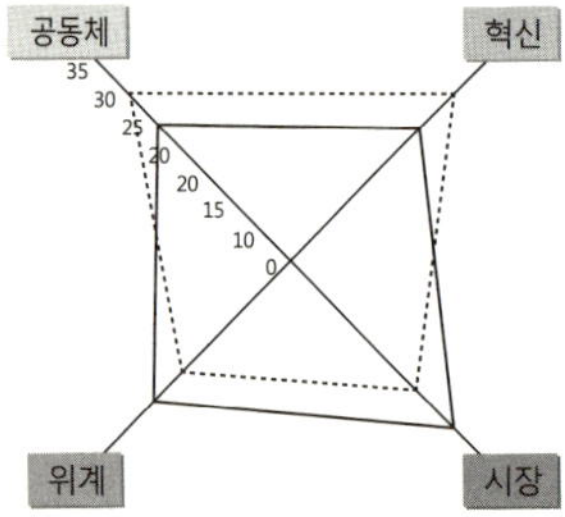

	현재 모습	바람직한 모습	문화격차
공동체	23.65	28.94	5.29
혁신	22.87	29.14	6.28
시장	29.31	22.33	6.99
위계	24.20	19.58	4.63

실선: 현재 모습, 점선: 원하는 모습

(6) User Experience Design

〈그림 Ⅳ-10〉 User Experience Design 조직문화

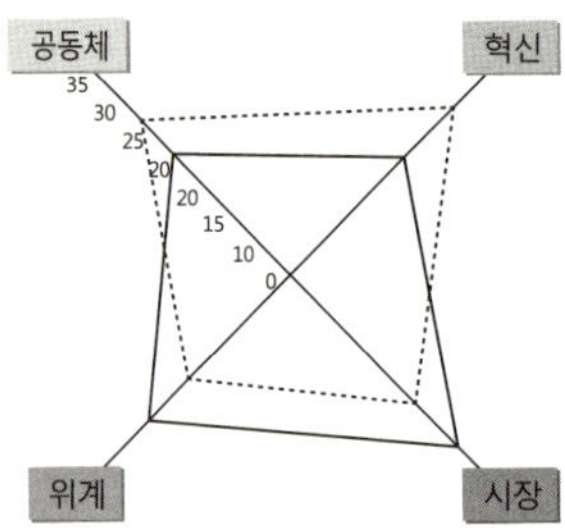

	현재 모습	바람직한 모습	문화격차
공동체	21.86	28.28	6.42
혁신	20.84	29.96	9.12
시장	30.67	22.53	8.13
위계	26.63	19.23	7.40

실선: 현재 모습, 점선: 원하는 모습

4) 근무지역별 분석자료

다음의 〈그림 Ⅳ-11〉, 〈그림 Ⅳ-12〉는 근무지역별로 나누어 조직문화에 대한 응답을 평균한 값이다. 다음커뮤니케이션은 서울과 제주에 두 개의 오피스를 가지고 있다. 두 근무지역 모두 위계형 및 시장형 조직문화는 축소되고, 공동체형 및 혁신형 조직문화는 확대되는 것이 바람직하다고 여기는 점에서 공통적이라고 할 수 있다. 이는 조직전체 분석자료나 직책별, 직군별 분석자료에서도 일관된 현상이었다. 그리고 조직문화의 현재 모습, 바

람직한 모습에 대한 서울과 제주의 자료를 비교해볼 때 그 차이가 미미하다. 즉, 하나의 조직으로서 유기적으로 소통하고 하나의 문화를 구축했다고 볼 수 있다.

(1) 서울

〈그림 Ⅳ-11〉 서울 조직문화

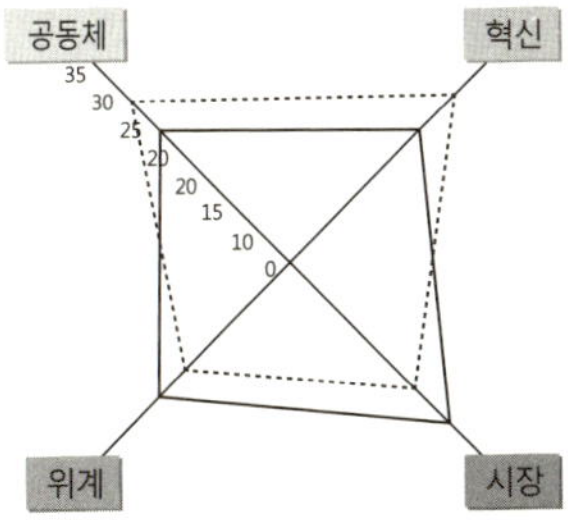

	현재 모습	바람직한 모습	문화격차
공동체	23.88	28.81	4.92
혁신	23.12	29.04	5.92
시장	28.79	22.58	6.21
위계	24.21	19.57	4.63

실선: 현재 모습, 점선: 원하는 모습

(2) 제주

〈그림 Ⅳ-12〉 제주 조직문화

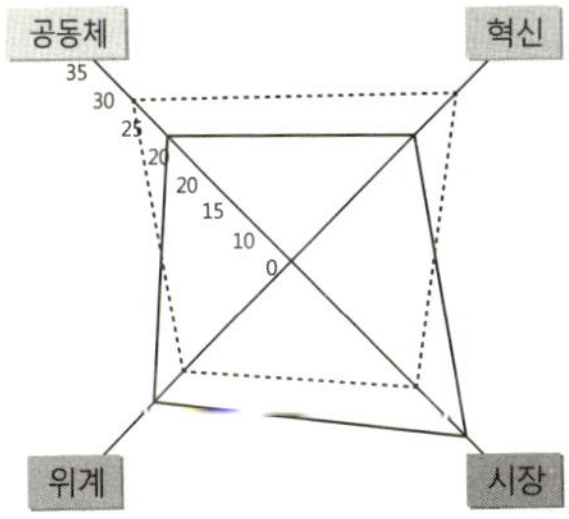

	현재 모습	바람직한 모습	문화격차
공동체	22.94	29.17	6.23
혁신	22.26	29.20	6.94
시장	30.19	22.14	8.05
위계	24.64	19.47	5.17

실선: 현재 모습, 점선: 원하는 모습

5) 분석결과 종합

분석결과를 종합해볼 때, 직책별·직군별·근무지역별 차이에도 불구하고 공통된 현상이 하나 있다. 그것은 바로 조직구성원들이 자신이 소속된 집단이 안정과 통제를 추구하기보다는 자율과 유연성을 갖추기를 원한다는 것이다.

본서에서 정의하는 '창조적 긴장'의 조직문화－혁신형 및 시장형 조직문화에 초점을 두지만, 이 조직문화를 안정적이고 지속적으로 꾸려가기 위해서 공동체형 및 위계형 조직문화도 염두에 두며, 네 가지 조직문화의 우선순위 기반 긴장관계를 유지하는 것－를 구축하기 위해서는 현재의 조직문화 모습에 변화가 요구된다.

2 현재 다음커뮤니케이션의 인적자원관리

다음커뮤니케이션의 인적자원관리는 유연하면서도 성과지향적으로 운영하고 있다. 다음에서는 부문별로 구체적으로 설명한다.

1) 채용

인터넷 기업으로서 수익모델을 계속 진화시켜 나가고, 점점 더욱 혁신적인 사업모델로 사업의 다각화를 모색해가는 현재, 다음커뮤니케이션에게 핵심인재의 발굴 및 유지는 매우 중요한 이슈이다. 다음커뮤니케이션의 핵심가치에 대해 고민하고 그것의 변혁을 주도하여 인터넷 기업의 게임의 법칙을 선도하여 나갈 인재들이 다음커뮤니케이션에게 필요하다. 이들은 다음커뮤니케이션의 성장가능성을 수익으로 현실화해서 중장기적으로 회사를 도약시킬 수 있는 인재로서 회사에 기여해야 하는 인력이다.

핵심인재의 선발 및 육성은 다음커뮤니케이션이 원하는 인재상에서 출발한다. 다음커뮤니케이션의 핵심인재는 다음커뮤니케이션의 조직문화와 핵심가치를 가장 잘 이해하고 실천하는 사람들로서, 다음에서 소개되고 있는 여섯 가지의 개인적인 역량뿐만 아니라 네 가지의 리더로서의 자질을 갖출 것이 요구되고 있다.

먼저, 다음커뮤니케이션인들에게 요구되는 여섯 가지 역량은 창의력(creativity), 열린 소통(open communication), 즐거움(fun), 도덕성(integrity), 열정(passion), 전문성(professional)이다. 다음커뮤니케이션은 전문가가 되겠다는 열정을 가지고 열린 소통을 통해 창조적 역량을 발휘하는 인재를 원하고 있으며, 이러한 과정을 재미있게 하지만 도덕적으로 즐길 수 있는 인재를 원한다는 것을 알 수 있다. 다음커뮤니케이션인들에게 요구되고 있는 여섯 가지 역량 중에서도 특히 적극적이고 변화에 두려움을 가지지 않는 태도는 다음커뮤니케이션에서 가장 중요시되는 기본자질이라고 할 수 있다. 회사가 역동적으로 움직이기 위해서는 구성원들이 적극적인 추진력을 가져야만 한다. 회사의 문화나 행동양식을 규정짓고 실천하는 사람들은 그 누구도 아닌 구성원들 자신이기 때문에 이들의 성향이나 태도가 회사가 가진 실질적인 문화의 중요한 요소가 될 수 있다.

다음으로, 다음커뮤니케이션에는 특별한 직급이 없기 때문에, 다음커뮤니케이션은 다음커뮤니케이션인들 각각이 자신이 맡게 되는 프로젝트를 수행하는 와중에 리더로서 사고하고 행동할 것을 장려하며, 리더로서의 자질을 다음커뮤니케이션의 네 가지 항목－비전 및 목표 설정(set vision & goal), 솔선수범(be a model), 팀 조직 및 정렬(build & align team), 변화주도(manage trend)－으로 제시하고 있다. 즉, 다음커뮤니케이션인들은 비전 및 목표를 스스로 설정할 수 있어야 하며 목표를 어떻게 효과적, 효율적으로 달성할 수 있을 것인가에 대한 방법을 제시할 수 있어야 한다. 또한 다음커뮤니케이션인들은 그렇게 수립된 목표달성의 방법을 주체적으로 실행할 수 있어야 하고 자신의 업무의 결과를 스스로 체크하고 책임질 수 있어야 한다. 마지막으로 다음커뮤니케이션인은 환경에 적응하기보다는 환경을 만들어가는 선순환을 스스로 일으킬 수 있는 사람이어야 한다.

네트워크형 열린 구조하에서는 크게 두 가지 형태의 리더십이 요구된다. 우선, 구성원들이 자기가 하고 있는 역할에 강력한 업무적 리더십을 발휘해야 한다. 비전에 따라 일에 의미를 부여하고 그것을 통해 가치를 창출할 수 있느냐는 어떤 조직의 구성원이 핵심인재인지 그 여부를 가늠하는 기본적인 척도이다. 업무적 리더십이 충족된다면, 구성원들 간의 관계 그리고 팀 간의 관계를 설정하고 올바로 이끌어갈 수 있는 관계적 리더십도 요구된다. 이에 다음커뮤니케이션의 구성원들은 개인마다 리더십을 가지게 되고 이를 통해 다음커뮤니케이션의 구성원들은 그들이 중간리더, 팀리더 나아가 회사의 핵심리더로 성장할 수 있는가 하는 잠재력을 보여줄 수 있다.

위와 같은 인재상을 충족시키는 인력을 선발하여 핵심인력의 확보에서 뒤지지 않기 위해 다음커뮤니케이션은 몇 가지 형태의 인력풀을 확보하는 인프라를 구축하고 실행해오고 있다. 지속적으로 고용시장에서의 브랜드파워를 강화하고 있고, 수시채용 방식을 활용하고 있다. 또한 다음커뮤니케이션에 적합한 인재를 선별적으로 하기 위해 FCP(foundation course process)를 실시하고 있다.

첫째, 다음커뮤니케이션은 출중한 인재들을 유인하기 위해서 회사의 고용브랜드(employment brand)를 강화하는 노력을 하고 있다. 고용브랜드란 제품브랜드의 개념에서 차용한 개념으로서, '잠재적 지원자에게 고용주로서 갖고 있는 명성'을 의미한다. 상품이나 제품만이 회사의 마케팅 대상이라는 것은 이제 옛말이 되어버렸다. 회사에 고용되어 일해 보지 않으면 알 수 없는 무형의 기업가치나 문화, 조직구성원의 삶의 질 그리고 구성원들에게 제공되는 차별적인 가치 등도 회사가 조직 외부인에게 알려야 하는 중요한 마케팅의 대상이 되었다. 특히 오늘날의 기업이 평범한 인적자원을 요구하는 것이 아니라 특출한 인재를 요구하는 것을 고려해볼 때, 회사의 고용브랜드 강화는 핵심인재를 확보하는 하나의 도구로서 그 가치가 있다.

다음커뮤니케이션은 이러한 고용브랜드 강화를 위해 실질적으로 '차별화된 직장가치' 등을 만들기 위한 노력에도 집중하고 있다. 열린 커뮤니케이션을 위한 네트워크형 구조, 창의와 아이디어를 중시하는 수평적 조직구조의 실험 등이 그것이다. 이를 통해 다음커뮤니케이션은 조직구성원들이 각자 자신의 잠재적 가치를 실현하고 신나게 일할 수 있는 직장으로의 명성을 확립하기 위해 노력하고 있다.

이러한 고용브랜드를 시장에 알리기 위한 노력 역시 중요하다. 그에 대한 일환으로 2003년부터 독특한 아이디어를 바탕으로 '대학취업 Tour'를 시도하였다. 'Daum이 옵니다.'라는 문구로 시작된 이 투어는 프로그램 하나하나가 현재 다음커뮤니케이션에서 일하는 사람들이 어떤 가치관으로 어떤 방식에 의해 일하고 있는가를 생생하게 전달하는 열린 장이 되었다.

둘째, 다음커뮤니케이션은 훌륭한 인재를 확보하기 위한 방법으로 수시채용 방식을 채택하고 있다. 다음커뮤니케이션의 경우 인력을 확보하기 어려웠던 사업초기부터 줄곧 수시채용 방식을 실시해왔다. 신규 채용 과정은 서류전형과 1, 2차의 면접으로 이루어져 있는데 1차 면접은 직무 면접으로 입사 지원자의 전문성, 즉 능력을 위주로 평가하는 단계이다. 그 다음은 2차 면접으로, 2차 면접에서는 지원자들이 다음커뮤니케이션의 수평적이고 자율적인 기업문화 속에서 융화할 수 있는가를 평가하는 인성면접이다. 따라서 다음커뮤니케이션에서는 아무리 능력이 뛰어난 사원이라 할지라도 기업문화에 융화될 수 없는 사람을 채용하지 않음으로써 기업문화에 맞는 인재를 채용할 수 있도록 한다.

이에 따라 다음커뮤니케이션의 인재채용 서버에는 수천 장의 이력서가 저장되어 있으며, 다음커뮤니케이션의 이용가능한 인재풀은 매우 폭넓다고 할 수 있다. 또한 비록 앞서의 채용에서 적정 직무와 능력이 맞지 않아 채용이 되지 않았더라도 언제든지 그 사람의 채용평가를 다시 하여 인터뷰를 통해 채용할 수 있다.

셋째, 다음커뮤니케이션의 인력선발이 가지는 또 다른 차별성은 해당 직무에 지원한 사람을 인사부서에서 먼저 검증하는 것이 아니라, 우선적으로 인재를 필요로 하는 팀 혹은 부서에서 그를 선발할 수 있도록 한다는 점이다. 이를 통해, 다음커뮤니케이션은 선발과 동시에 2~3주 동안의 OJT로 즉시 그를 업무에 투입할 수 있는 체제를 가지고 있다.

마지막으로, 다음커뮤니케이션은 FCP(foundation course process)라는 절차를 통해서 또 한 번의 그 직원이 회사에 필요한 인재인지를 확인할 수 있는 기회를 가진다. FCP는 다음커뮤니케이션의 정사원이 되려면 꼭 한번 경험해야 하는 것으로 이들에게 요구되는 것은 3개월(경력직의 경우)~6개월(신규채용의 경우) 이후에 이루어지는 평가과정이다. 이것은 여러 차례에 걸친 입사 인터뷰에서도 알 수 없었던 잠재성과 역량을 같이 일하면서 직접 점검할 수 있는 시스템이다. 물론 그 평가는 회사가 새로 입사한 구성원을 평가한다는 의미도 있지만 새롭게 들어온 사람 역시, 다음커뮤니케이션이 무엇을 추구하는지, 어떤 방식으로 일을 해결해 가는지 그리고 다음커뮤니케이션의 문화가 잘 맞는지를 평가할 수 있다. 여기에서 상위등급을 받는 사람들을 대상으로 다시 일정부분만큼 연봉을 재조정할 수 있는 기회가 부여된다. 사실 시행초기에는 우수 인재를 끌어오는 데, 왜 FCP가 필요하느냐는 비판도 있었으나 현재는 다음커뮤니케이션이 자랑할 수 있는 인재채용 방식으로 자리 잡았으며 핵심인재를 처음부터 선발할 수 있는 중요 제도가 되고 있다.

〈그림 Ⅳ-13〉 다음커뮤니케이션의 인재상

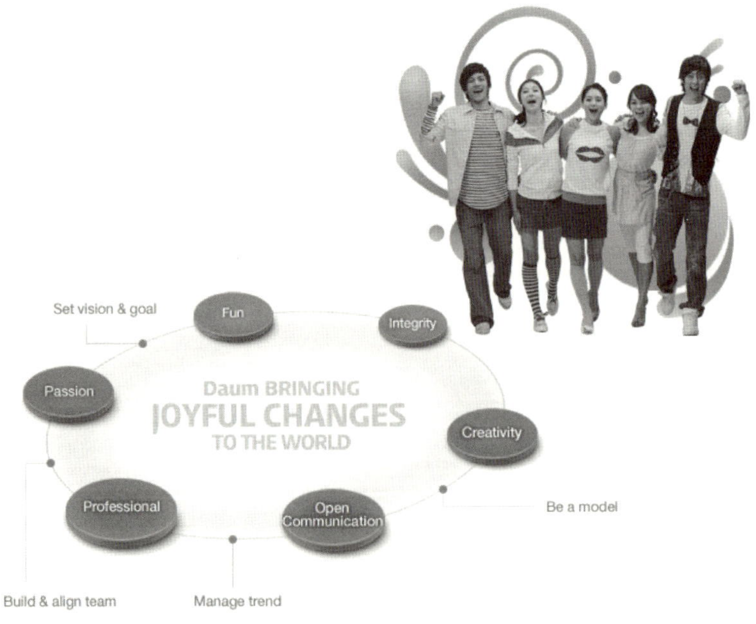

출처: 다음커뮤니케이션 홈페이지

〈그림 Ⅳ-14〉 다음커뮤니케이션의 다양한 채용 채널

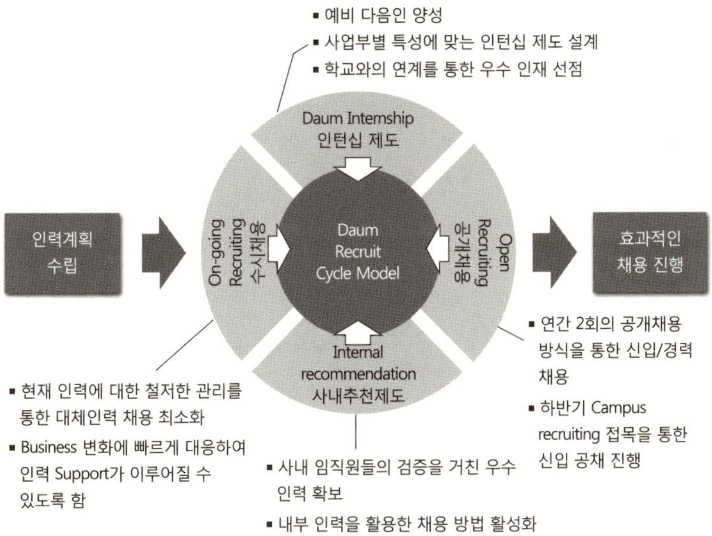

출처: 다음커뮤니케이션 내부자료

종합해볼 때, 다음커뮤니케이션은 사업환경 변화에 빠르게 대응하기 위해 〈그림 Ⅳ-14〉와 같이 다양한 채용 채널을 활용하고 있다.

2) 교육훈련

다음커뮤니케이션은 구성원 각각의 역량과 직군에 맞는 교육 프로그램을 Daum University라는 일관된 체계 하에 제공하고 있으며, 이를 통해 개인의 업무능력 향상 및 회사의 지속 성장을 돕고 있다.

직무교육의 경우, 다음커뮤니케이션은 사원 스스로에 의한 자기개발이 이루어지도록 지원, 조언하는 것에만 총력을 기울인다. 이것은 구성원이 직무의 전문성을 향상시키겠다는 의지가 있는 사람들에게만 아낌없는 지원을 한다는 의지의 표현이기도 하다. 이런 다음커뮤니케이션의 교육을 사원들에게 전달하기 위해서 다음커뮤니케이션에서는 핵심인재를 양성하기 위한 교육 프로그램으로 처음에 들어왔을 때 'Welcome! Freshman'을 실시한다.

〈그림 Ⅳ-15〉 다음커뮤니케이션의 교육체계

출처: 다음커뮤니케이션 홈페이지

사원들이 업무를 이해하고 최대한 자율적으로 일을 추진하는 방법을 터득하며, 일을 성공적으로 이끌어낼 수 있다는 능력에 대한 자신감을 가지도록 하는 것이 이 프로그램의 목적이다. 이와 더불어 다음커뮤니케이션은 구성원들이 자신의 필요에 의해 자체적으로 만든 업무 세미나, 개발자, 기획자 프로젝트, 외부강사 교육, 문제해결 워크숍 등을 실시하고 있다. 종합해서, 다음커뮤니케이션의 역량 교육을 신규입사자의 조직 문화 공유, 비전 공유 등을 돕는 신규입사자 입문 교육(challenge freshmen), 멘토링 & 피어링 프로그램, 다음인이 갖추어야 할 여섯 가지 기본 역량을 함양할 수 있도록 역량별 필수과정(커뮤니케이션 스킬, 창의적 문제해결 기법 등) 및 선택과정 교육 등으로 요약할 수 있다.

다음커뮤니케이션은 신입사원에 대한 교육 이외에도 기존의 재직자를 대상으로 전략적 인재육성 프로그램을 시도하고 있다. 보다 구체적으로, 다음커뮤니케이션은 3년 이상 근속자를 대상으로 선발인원에게 체계적인 교육을 받을 수 있도록 1년 이상의 국내외 대학원 석박사 과정 MBA과정의 교육비를 지원하고자 한다(해외 MBA의 경우 랭킹 20위권 내는 교육비 전액

지원). 이런 프로그램을 통해 장기적이고 전략적으로 인재를 육성하여 사원들의 개인 경쟁력은 물론, 회사 전체의 경쟁력을 높일 수 있다고 다음커뮤니케이션은 생각하고 있다. 이처럼 다음커뮤니케이션에서는 사원 경력개발에 소요되는 비용은 단순히 지출이 아니라, 회사를 위한 장기적 투자로 인식되고 있다.

특히, 다음커뮤니케이션에 근무하는 사업리더의 글로벌 경쟁력 강화를 위해 미국 코넬(Cornell) 대학과 함께 'Daum-Cornell Executive Development Program'을 진행하며, 기업경영의 통합적인 분석틀을 제공하기 위하여 연세대학교와 함께 Daum-연세 MBA 과정을 진행하고 있다. 또한, 핵심인재를 위한 해외 MBA, 유학 지원을 하고 있다. 또한 글로벌 인터넷 비즈니스 환경을 직접 체험하고 새로운 아이디어를 얻을 수 있도록 Global Action Learning 프로그램을 연 4회 이상 진행하고 있다. 이와 더불어 임원/팀장/팀원 등 리더 계층별 기대역할 및 필요역량을 정의하고 이에 따른 교육 프로그램을 제공한다.

다음커뮤니케이션의 사원들을 대상으로 한 공통 교육과정도 운영되고 있다. 다음커뮤니케이션은 전사공통과정을 두고 사원들 전체를 대상으로 글로벌 스탠다드에 맞는 기본소양을 갖추는 것은 물론 이를 기반으로 업무생산성을 향상시킬 수 있도록 하고 있다. 다음커뮤니케이션은 원어민 영어회화 클래스를 운영하고 개발자, 기획자 직군별 워크숍을 개최하고 마케팅 스터디 등을 실시하고 있는데, 이런 프로그램들이 다음커뮤니케이션이 사원의 경력을 개발시키기 위해서 기본적으로 무엇을 하고 있는지를 보여주는 좋은 예이다. 매년 다음커뮤니케이션의 전사 전략을 리더 및 전사원을 대상으로 공유하기 위한 전사리더 전략워크숍, 전사전략 공유세션을 진행하며 필수 법정 교육을 통해 다음커뮤니케이션 윤리경영의 기초를 만들어나간다.

이 외에도 다음커뮤니케이션의 각 직군별 업무 스킬과 역량 향상을 위한 프로그램으로 직군 기초/심화 과정이 연중 상시 운영되며, 직군 간 지식 공유와 화합의 장으로 직군 컨퍼런스를 연 1회 이상 실시하고 있다. 또한 Crossover Briefing(사업전략 공유)/Crossover Talk(특강) 등을 진행함으로

〈그림 Ⅳ-16〉 다음커뮤니케이션의 경력개발단계

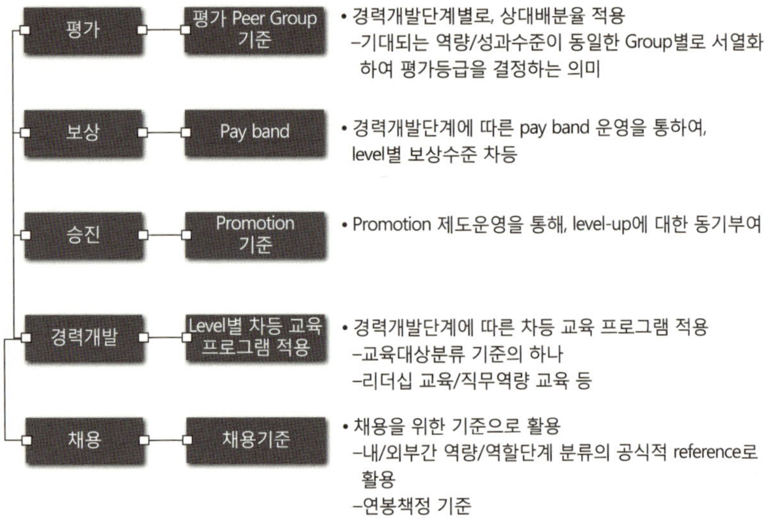

출처: 다음커뮤니케이션 내부자료

써, 각 사업 부문/직군의 경계없이 새로운 트렌드, 신기술 등에 대해 공유하고 토론할 수 있도록 지원하고 있다. 아울러 해외 컨퍼런스 등 국내외 외부전문교육에 사원들을 참가시키고, 공통직능, OA, 정보화, 어학 등 콘텐츠로 구성된 다음커뮤니케이션 온라인교육학교(Daum e-Learning school)를 운영하고, 사내 각종 스터디그룹을 지원하는 것 역시 바로 직무전문화 과정의 일환으로 실시되고 있다.

다음커뮤니케이션은 지역인재 육성에도 힘쓰고 있다. 제주대, 한라대와 같은 제주지역 교육기관과의 협력/상생을 통해, 인재발굴과 지역발전을 동시에 추구하고 있는 점, 정부IT인력양성사업에 참여하고 있는 점 등이 이를 잘 보여준다.

3) 성과평가

다음커뮤니케이션의 경우, 인재에 대한 평가는 크게 업무수행 업적

〈그림 Ⅳ-17〉 다음커뮤니케이션의 평가구성

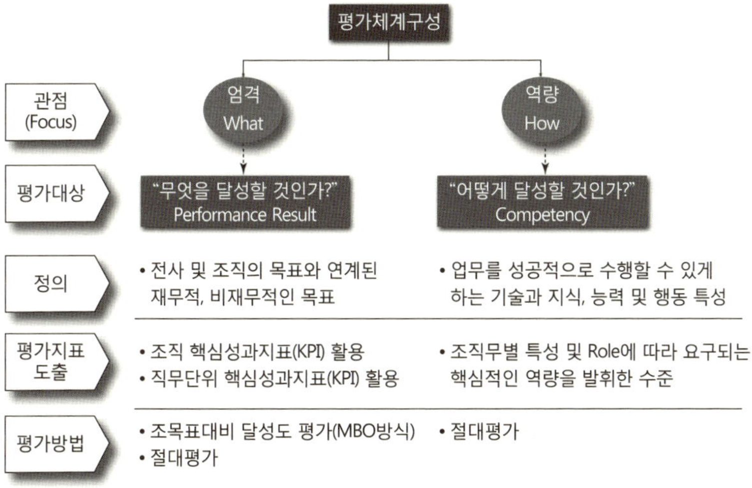

출처: 다음커뮤니케이션 내부자료

(results)에 대한 평가와 업무수행 역량(competencies)에 대한 평가로 구성된다. 이렇게 해서 사원 평가결과는 보상과 교육 등 각종 인사관리제도 운영의 기준이 된다. 업무수행 업적은 목표관리제(MBO) 방식으로 평가되고, 업무수행 역량은 역량체계방식으로 평가된다. 연간 상·하반기 2회 평가를 통해 다음 연도의 연봉 인상률이 결정된다. 팀장급의 경우 소속 팀원들에 의해 그 성과가 평가된다. 연간 상하반기 2회 리더십에 대한 상향평가를 하게 되며 이는 인사고과에 반영된다.

다음커뮤니케이션은 또한 다음인의 역량으로 Creativity, Open Communication, Fun, Integrity, Passion, Professional을 지정하고 이에 대한 교육을 제공하고 이를 중심으로 역량평가를 하여 다음인이 성장하도록 유도하고 있다. 다음커뮤니케이션의 리더에게는 〈그림 Ⅳ-18〉과 같이 Set vision & goal, Be a model, Build & align team, Manage trend 역량을 요구하고 있다.

〈그림 Ⅳ-18〉 다음커뮤니케이션의 역량평가 체계

다음인 역량

Creativity
기존 관행에 의존하지 않고 새로운 변화에 도전하는 당신!
바로 Creative Daum人입니다.

Open Communication
Daum人은 생산적인 커뮤니케이션 기술을 지니고 결과물을 만들어 나아갑니다.

Fun
업무 및 동료, 고객과의 관계에서 긍정적인 생각과 태도를 지니는 당신이 있기에 세상을 즐겁게 변화시킬 수 있습니다.

Integrity
늘 올바른 가치 기준과 방식으로 생각하고 행동하는 당신이 다음 세상을 이끌어 가는 주인공입니다.

Passion
일과 비즈니스에 대한 열정을 갖고 적극적으로 임하는 당신이 다음 세상을 이끌어 가는 주인공입니다.

Professional
항상 최고의 전문가가 되고자 노력하는 당신이야말로, 진정한 Daum人입니다.

다음인 리더 역량

Set vision & goal
Daum의 리더는 구체적인 비전과 목표를 제시합니다.

Be a model
Daum의 리더는 솔선해서 행동하여, 팀원들의 좋은 모델이 됩니다.

Build & align team
Daum의 리더는 성과를 높이기 위해, 조직원들이 갖고 있는 지식과 기술을 효과적으로 조직화합니다.

Manage trend
Daum의 리더는 현재, 미래의 환경을 명확히 이해하고 변화를 이끌어 갑니다.

출처: 다음커뮤니케이션 내부자료

4) 보상

다음커뮤니케이션은 사원의 프로정신을 고취시키기 위해서 개인의 업적과 능력에 따른 연봉제를 시행한다. 입사 시 최초 연봉은 입사자의 전문성과 역량을 고려하여 앞서 언급한 FCP의 결과에 따라 차등적으로 설정한다. 경력개발단계별 Pay Band 내 각 직군별 Pay Band를 세부적으로 구성하여 운영하고 있으며, 보상수준은 조직 내/외부 모두의 관점에서 비교하여 설정된다. 여기에 핵심인력 및 유능한 사람들에 대한 즉시 보상책도 꾸준히 제시되고 있다. 월별, 분기별, 연간으로 구분되어 능력이나 성과가 뛰어난 사람들을 인정하고 포상하는 것은 1년마다 결정되는 연봉을 대신할 수 있는 단기적인 보상책이라고 할 수 있다. 개인성과급인 PI(performance

〈그림 Ⅳ-19〉 다음커뮤니케이션의 평가체계

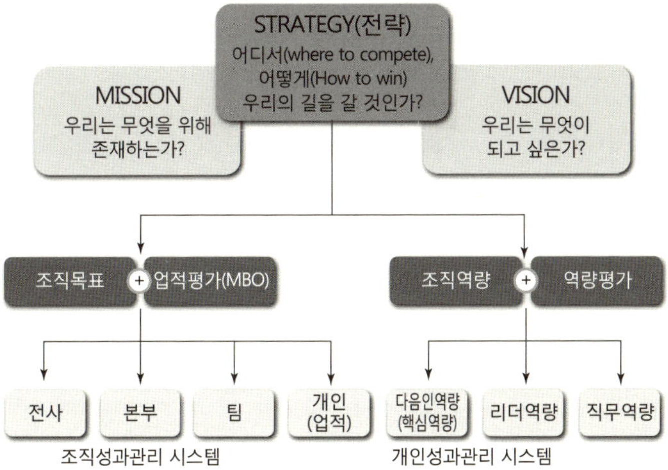

출처: 다음커뮤니케이션 홈페이지

incentive)는 조직평가와 개인평가등급에 따라, 차등 지급되며 고성과자를 주 지급대상으로 한다. 이와 같이, 능력에 기초한 보상체계는 전체 사원의 직무 효율성과 생산성 향상을 유도하고 있다.

〈그림 Ⅳ-20〉 다음커뮤니케이션의 보상(금전적)구조

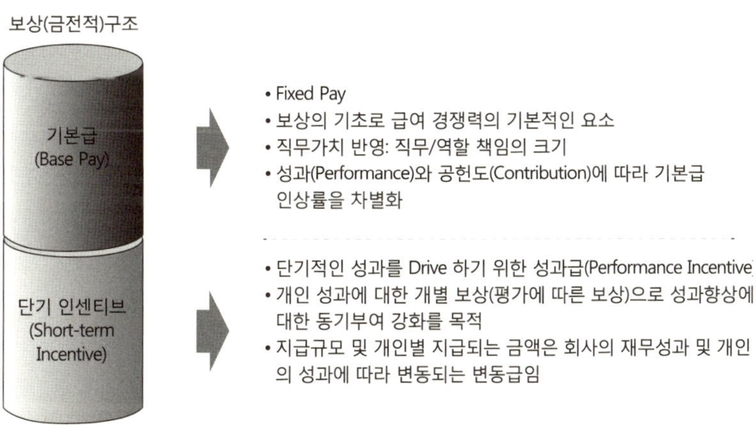

출처: 다음커뮤니케이션 내부자료

〈그림 Ⅳ-21〉 다음커뮤니케이션의 보상체계

금전적 보상(Cash Reward)

기본연봉 + 인센티브

비금전적 보상(Non-Cash Reward)

교육/개발 + 자기계발비 + 복리후생

출처: 다음커뮤니케이션 홈페이지

이에 덧붙여, 다음커뮤니케이션은 다양한 추가적인 금전적 보상을 사원들에게 지급하고 있다. 학자금 지원, 경조사 지원, 동호회 지원, 주택 및 생활 대출지원과 같은 기본적인 금전적 복지지원 보상은 물론이거니와 안식휴가, 마일리지제도, 의료비제도와 같은 다음커뮤니케이션 특유의 제도들도 운영되고 있다.

앞서 언급한 물질적인 보상 이외에도 다음커뮤니케이션은 사원들에게 정신적 차원의 보상을 제공하고자 노력하고 있다. 핵심인력들이 지속적으로 조직의 성공을 위해 자발적으로 공헌해갈 수 있게 정당한 문화적 대우를 해주는 것 역시 중요하다. 지식근로자라고 칭해지는 현대의 구성원들은 일

〈그림 Ⅳ-22〉 다음커뮤니케이션의 복리후생

출처: 다음커뮤니케이션 홈페이지

의 수동적 객체가 아니라 적극적 주체이기를 바라는 경향이 강하며 자신이 결정권을 가질 수 있는 범위 내에서는 모든 정보와 권한을 충분히 향유하고 싶어 한다. 이는 조직상층부에서 해야 할 일을 명령하고 사원들이 그것을 따르는 과거 대다수의 관료제 조직과는 다른 점이다. 이런 면에서 다음커뮤니케이션이 추구하는 조직문화와, 자율적인 책임과 그에 수반되는 권한의 조화 등은 핵심인력들이 회사에 계속해서 머무르게 하는 훌륭한 요소라고 판단된다.

제 V 장

'창조적 긴장'의 조직문화 육성

1 극복해야 할 두려움과 오해

이 장에서는 '창조적 긴장'의 조직문화의 구축을 위해 극복해야 할 두려움과 오해에 대해서 논의한다. 첫째는 거의 아무도 가지 않는 길을 가는 것에 대한 두려움이다. 하지만 그것이 경쟁 속에서, 게임의 룰을 바꿀 수 있는 요인 중 하나이기에 그 중요성을 이야기하겠다. 둘째는 '창조적인 사람은 특별히 존재하며 나는 그 대상이 아니다'라고 말하는 사람들에게 일침을 가하는 것이다. 누구나 창조적일 수 있다. 따라서 '창조적 긴장'의 조직문화에 대해서 이야기하는 것은 의미가 있다. 그것으로부터 개개인의 창조역량을 북돋아 줄 수 있기 때문이다.

1) 남이 가지 않은 길

창의성에 대한 우리의 관심은 사실, 생존에 대한 절박함에서 비롯한다. 현대의 대부분의 기업들에게 공통적으로 이야기되는 조직 생존의 철칙은 고객에게 '차별화된 가치'를 전달하는 것이다. 그리고 그 가치라는 것을 전달하기 위한 방법으로 누구나 쉽게 혁신 및 변혁을 이야기한다. 왜 혁신이 이런 큰 관심을 받는 것일까? 그것은 소비자에게 특정 회사의 서비스를 대체할 수 있는 대안들이 너무 많이 존재하고, 다른 회사와는 다른 우리 조직만의 차별화된 서비스를 전달해야 하는 필요성을 조직의 실천가들이 절감하고 있기 때문이다. 단순히 고객에게 낮은 가격을 이야기하는 것이나, 남과 차별적이지 않은 가치를, 남들이 하는 방식으로 고객에게 전달하는 것은 고객의 짧은 시선도 끌기 어렵다.

변온동물인 개구리의 예를 들어, 오늘날의 혁신의 중요성을 전달하려는 시도는 그것을 이해하는 데 도움이 된다. 프랑스 요리 중에는 삶은 개구리 요리가 있다. 손님이 앉아 있는 식탁 위에 냄비와 버너를 가져다 놓고 개구리가 좋아하는 온도에서 시작하여 서서히 물의 온도를 올리다 보면, 변온동물인 개구리는 물의 온도의 변화에 따라 체온을 조절하다가 금새 맛있게 요리된다. 즉, 남이 변화하는 대로 따라 변화하다가는 개구리처럼 죽음이라는 최후를 맞이할 수도 있다. 하지만 환경의 변화에 순응하기보다는 환경 그 자체가 되어 게임의 룰을 바꾸는 자가 될 수 있다면 그 기업은 보다 나은 생존의 기회를 맞이할 수 있다.

창조적 아이디어로 혁신하는 것의 중요성은 우리가 사는 이 시대와 세상이 불연속적이라는 데서 더욱 강조된다. 1917년 미국 상위 100대 기업리스트가 『포브스』지에 의해서 작성되었다. 정확히 70년 뒤인 1987년 '포브스 100'리스트가 다시 출간될 당시, 1917년에 100위안에 들었던 기업 중에서 오로지 39개만이 살아남아 있었으며, 그중에서도 18개만이 상위 100위안에 들 수 있었다(리처드 포스터·사라 캐플런, 2003). 즉, 환경에 연속성에 근거한 기업의 변치 않는 경영철학이 그 기업의 생존을 보장할 것이라는 것은 일종의 환상이다. 시장이 변화하기에 앞서 그것의 변화를 주도해나갈 수 있는 기업이 장기적으로 생존할 수 있다. 슘페터(Joseph Schampeter)는 "자본주의가 기존 구조를 어떻게 관리할지가 종종 문제로 제기되지만 사실은 그 구조를 어떻게 창조하고 파괴할지가 더 중요하다"라고 역설하였다. 기업은 경영환경이 불확실하다는 것을 받아들이고 안정적일 때도 지속적으로 불안정을 추구할 때 장기적으로 살아남을 수 있을 것이다.

이는 기업이 정기적으로 커다란 변화 혹은 혁명적 변화(revolutionary change)를 추구해야 한다는 것을 의미한다. 혁명적 변화는 잘 일어나지 않는데 그 이유는 혁명적 변화가 다음과 같은 특성을 가지고 있기 때문이다. 첫째, 혁명적 변화는 대부분 Deep Change(심층적 변화)이다. 즉, 새로운 패러다임으로 기존의 전략과 조직구조에 근본적인 변화를 주게 되는데 이 경우 불확실성이 커지고 기득권자에게 불리한 경우가 있어 혁명적 변화는 일어나기 어렵다. 둘째, 혁명적 변화는 Proactive Change(선제적 변화)인 경우가 많다. 즉, 환경변화에 앞서 먼저 변화하는 경우가 많다는 것이다. 선제적 변화는 크게 성공할 수도 있지만 실패할 수도 있어 쉽지 않은 것이다. 셋째, 혁명적 변화는 Disruptive Change(와해적 변화)인 경우가 많다. 즉, 기존의 전략과 조직구조를 크게 뒤흔들어 단기적으로 기존의 역량을 파괴하는 듯 보이기도 한다는 것이다. 이 또한 혁명적 변화가 일어나기 어렵게 하는 요인이다. 마지막으로 혁명적 변화는 Experimental Change(실험적 변화)인 경우가 많다. 즉, 변화의 방향이 맞는 것 같다는 것을 '느낄 수는' 있으나 이것이 진정 맞는 것이라는 것을 객관적으로 증명하기 어렵다는 것이다. 결국 시간이 지나봐야 답을 알게 되며 그때까지는 무모한 실험으로 보이기도 한다.

이와 같이, 혁명적 변화는 종종 '남이 가지 않은 길'을 가는 것이고, 혁신을 추구하는 것인데 경쟁이 치열한 환경에서는 혁신이 곧 생존을 보장하는 중요한 수단이다. 여기에 비록 당장에는 많은 사람들에게 큰 찬사와 격려를 받지 못한다고 하더라도, 자기 나름의 길을 가는 것의 중요성을 이야기하고자 했던, 프로스트(Robert Froust)의 '가지 않은 길'이라는 시를 소개한다.

The Road not Taken

- Robert Frost -

Two roads diverged in a yellow wood,
노란 숲 속에서, 두 길이 갈라졌다
And sorry I could not travel both
그리고, 두 길 다 여행할 수 없는 게 안타까워서
And be one traveler, long I stood
한 선택만을 해야 하는 것이 안타까워서, 오랫동안 난 서 있었다.
And looked down one as far as I could
그리고 그 길들의 가능한 한 멀리 내다 보고자 했다.
To where it bent in the undergrowth;
그 길이 덤불 속으로 굽어진 곳까지

Then took the other, as just as fair,
그리고는 꽤 아름다운 한 쪽 길을 선택했다.
And having perhaps the better claim
그 쪽을 선택했던 이유는 아마도
Because it was grassy and wanted wear;
풀이 무성하고 인적이 드물었기 때문이었을 것이다.
Though as for that, the passing there
비록 그것 때문에, 그 길을 지나는 것이
Had worn them really about the same,
그 길을 다른 길과 마찬가지로 낡게 만들지도 모를 일이지만

And both that morning equally lay
그리고 두 길은 그날 아침에 똑같이 놓여 있었다.
In leaves no step had trodden black.
잎에는 어떤 발자국도 검게 찍혀 있지 않았다.
Oh, I marked the first for another day!
오, 난 다른 날을 위해 첫째 길을 남겨놨다.
Yet knowing how way leads on to way
그러나, 어떻게 길이 어떻게 이어지게 될지를 생각하면서
I doubted if I should ever come back.
난 다시 돌아 올 수 있을지 의심했다.

I shall be telling this with a sigh
난 이것을 말할 것이다, 한숨 쉬며
Somewhere ages and ages hence:
지금으로부터, 먼 훗날 어딘가에서
Two roads diverged in a wood, and I,
한 숲 속에 두 길이 갈라졌지, 그리고 난
I took the one less traveled by,
사람들이 덜 지나간 길을 택했지.

And that has made all the difference.
그리고 그것이 모든 차이를 만들어왔지.

이 글은 다음과 같은 전제를 가지고 있다. 즉, 기업의 혁신은 어려운 길을 택하는 창의적인 사람에 의해 혁신을 장려하는 문화 안에서 가능하다는 것이다. 본서에는 조직의 창의적인 문화와 인재를 혁신의 근원으로 보고, 그에 초점을 맞추고자 한다. 조직의 창조성에 많은 요소가 같이 결부되어 있음을 무시하고자 하는 것이 아니다. 다만, 고객에게 어떤 조직이 생산하는 제품 및 서비스의 가격을 능가하는 '가치'를 전달하기 위해서는 고객의 필요, 아픔, 정서를 인식하는 정(情) 차원의 능력인 감수성, 수요를 충족할 제품을 생각해낼 수 있는 지(知) 차원의 능력인 상상력, 품질 향상과 비용 절감의 노력을 계속하는 의(意) 차원의 능력인 탐색시행의 능력이 기본이 되는 것(유석철, 2001)이라고 보고 이중에서도 특히, 조직의 상상력에 초점을 맞추어본 글의 논의를 전개하고자 한다.

2) 누가 창의적인가: 창조성에 대한 선입견

많은 사람이 훌륭한 창조자로서의 잠재력을 가지고 태어난다. 아직 경직된 규칙이 존재하는 조직의 구성원이 되기 전인 어린 시절, 우리의 창조적 본성은 매우 자연스럽고 쉽게 받아들여질 수 있는 것이었다. 주변의 사물들을 열심히 관찰한 뒤 자신만의 어떤 목소리나 몸짓 등의 표현을 하기 위해 애쓰는 아이들을 우리는 쉽게 볼 수 있다. 작은 깡통을 하나 놓고도 어린 아이들은 벌레집, 은행, 바비인형 수영장, 세탁기 등의 상상력을 마구 펼쳐 보인다(조던 아얀, 2002). 적어도 선 안쪽으로 색을 칠하지 못했다는 이유로 미술 성적에서 '양'이나 '가'를 받기 이전까지는 그러하다. 64색 크레파스통을 선물받고 기뻐서 학교로 달려가던 우리들의 모습은 온데간데없이, 중·고등학교 시절의 우리는 대개 검정색 펜을 무의식 중에 집어든다. 사회생활을 시작할 때쯤 우리는 더욱 활력과 파릇파릇함을 잃어가기 쉽다. 연이은 회의를 소화해내야 하는 것은 물론, 가정도 성실히 가꾸어가야 한다. 회색빛의 샐러리맨들의 일상은 오늘내일 일이 아니다. 창조성을 중점적으로 강조하는 대학의 강좌 및 직장의 프로그램들을 만나보는 것은 흔치 않은 일이다. 불필요한 곳에까지 과도하게 적용된 평가기준들에 옥죄어 우리는 우리가 얼마나 창조적이었는가를 잊고 사는가에 대해서 이야기하며, 창조성에 대한 희망과 실현가능성을 이야기하며 이렇게 창의성에 대한 본격적인 논의를 시작하고자 한다.

어떻게 우리가 타고난 창의성을 불러일으켜 생기를 부여할 수 있을까? 혹시 어떤 사람들은 절대 창조적이지 않은 특징을 가지고 있는 것이어서, 그들에게 창조적이라고 강요하는 것은 말도 안 되는 일은 아닐까? 다음 단락에서 이에 대한 답을 찾아보자.

먼저, 많은 사람들은 종종 이렇게 이야기한다. "저는 타고나기를 창의적인 것은 너무 적성에 안 맞아요.", "시키는 건 잘 할테니, 절 좀 뭘 쫌 만들어내라고 하지 말아 주세요.", "왼쪽 뇌는 이성, 오른쪽 뇌는 감성이라고 하잖아요. 저는 왼쪽 뇌만 발달을 해서인지 예술에는 영 문외한이에요." 하지만, 조던 아얀(2002)은 창의적이라는 것은 따로 있지 않다고 단언한다. 즉, 어떤 성격과 자질을 가진 사람도 창의적일 수 있다는 것이다. 이는 전적으로 언제나 맞지는 않겠지만 매우 설득력 있는 말이라 생각된다.

다음에서 어떤 것은 창의적인 성격에 속하고 이 중에 어떤 것은 창의적인 성격에 속하지 않을까?

정답은 '전부'이다. 표에서 나열된 것 이외에도 창의적인 성격을 서술할

〈표 Ⅴ-1〉 창의적인 성격에 대한 오해

종류		
• 방심하는	• 자신감 있는	• 단호한
• 흥분을 잘 하는	• 독립적인	• 내향적인
• 독창적인	• 반항하는	• 자발적인
• 순응적인	• 혼란스러운	• 파괴적인
• 융통성 있는	• 부지런한	• 고집이 센
• 지각력 있는	• 수완이 뛰어난	• 창의력이 풍부한
• 모험을 좋아하는	• 비판적인	• 활동적인
• 익살맞은	• 통찰력 있는	• 침울한
• 끈기 있는	• 위험을 잘 견뎌내는	• 긴장하는
• 무관심한	• 호기심이 많은	• 원기 왕성한
• 이상적인	• 총명한	• 강박관념의
• 장난을 잘 하는	• 민감한	• 예측할 수 없는
• 독단적인	• 냉소적인	• 열광적인
• 충동적인	• 옹졸한	• 포용력이 있는
• 몰두하는	• 회의적인	• 다재다능한

출처: 조던 아얀(2002)

수 있는 형용사의 수는 얼마든지 늘어날 수 있다. 창의적인 성격에 대해 우리가 가지고 있는 잘못된 신념들은 창의적인 것을 시도하기도 전에 우리를 주저앉게 만든다. 따라서 창의성을 논하기 전에 우리는 이 고정관념을 떨쳐낼 필요가 있다.

영화나 텔레비전과 같은 대중매체에서 비춰지는 창의적인 사람의 모습이 주로 고뇌에 빠져 있는 예술가의 모습이나, 도저히 범접할 수 없는 도전을 성공으로 이끈 사람이라고 할지라도, 창의성이 각양각색의 모양을 한 우리 모두에게 가능한 것임을 보여주는 근거가 존재한다. 하버드 대학의 하워드 가드너 박사가 『마음의 틀』(*Frames of Mind*)이라는 그의 저서에서 밝혔듯이, 인간의 지적 능력에는 일반적으로 생각되는 논리력 같은 것 외에도 많은 종류의 것들이 존재한다. 토머스 암스트롱은 그의 저서 『7가지 지능』(*Seven Kinds of Smart*)에서 하워드 가드너 박사의 의견과 같이 이를 대략 일곱 가지로 분류하고 있다. 또한 하워드 박사는 그의 저서 『다중지능』(*Multiple Intelligences*)에서 인간의 지능을 8½개 정도로 요약하고 있다. 여기서는 하워드 박사가 거의 구별적인 지능이라도 좋다고 판단하여 밝힌 여덟 가지 지능을 소개하고자 한다(표 Ⅴ-2 참조).

〈표 Ⅴ-2〉 다중지능

구분	내용
• 신체운동지능 (bodily-kinesthetic Intelligence)	신체운동지능은 자신의 운동, 균형, 민첩성, 태도 등을 조절하는 능력이다. 따라서 신체운동지능이 높은 사람은 생각이나 느낌을 글이나 그림보다는 몸으로 표현하는 능력이 뛰어나다. 예를 들어, 대개의 댄스가수들은 노래할 때 병행하는 율동을 보통 일반인보다 쉽게 따라 하는 경향이 있다. 그리고 그들은 자전거 및 스키와 같은 운동신경이 요구되는 놀이를 다른 사람보다 쉽게 배운다.
• 인간친화지능 (interpersonal intelligence)	인간친화기능은 다른 사람들과 소통하고, 경청하고 이해하며, 그들이 하는 행동의 의도를 해석하는 능력이다. 역지사지의 마음으로 다른 사람의 현재의 감정 상태 및 생각의 흐름 등을 그들의 몸짓과 표정 등에서 최대한 알아차려 그들을 배려하고자 노력하는 경향이 강하다. 이들 중에서도 특히 적극적인 성향이 강한 사람들은 교우관계의 폭이 넓기도 하다. 예를 들어, 유능한 정치인, 지도자, 성직자와 같은 사람들 중에 인간친화지능이 낮은 사람을 찾기란 어렵다.
• 언어지능 (verbal-linguistic intelligence)	언어지능은 단어의 소리, 리듬, 의미에 대한 감수성 및 언어와 관련된 것들에 대한 민감성과 관련된 능력이다. 심지어, 유아나 청각 장애자들도 일반적 언어가 아닌 자기 나름대로의 독특한 언어를 개발한다. 언어적 지능이 높은 사람은 말 잇기 게임, 낱말 맞추기 등을 잘하며, 다양한 단어를 잘 활용하여 말을 잘하는 토론가, 달변가가 많다. 또한 단어들을 다각도로 활용하여 다른 사람들에 비해서 글이나 말로써 사람들의 마음을 움직여 심금을 울리게도 하고, 웃음을 자아내게도 한다.

• 논리수학지능 (logical-mathematical intelligence)	논리수학지능은 논리적 문제나 방정식을 풀어가는 정신적 과정에 관한 능력이다. 언어 사용이 요구되지 않는 논리적 과정에 대한 문제들의 경우, 논리수학지능이 높은 사람은 보통 사람들보다 이를 빠른 속도로 해결할 수 있다. 이는 논리-수학적 지능이 뛰어난 사람들이 문제에 대해 추론을 잘 이끌어내며, 문제파악을 체계적이고 과학적으로 해내기 때문이다.
• 자연친화지능 (naturalistic intelligence)	자연친화지능은 다중지능 이론의 목록에서 가장 최근에 올라온 것으로, 자연 현상에 대한 유형을 규정하고 분류하는 능력을 말한다. 자연친화지능이 높은 사람은 동물이나 식물 채집을 좋아하며, 이를 구별하고 분류하는 능력이 높다. 산에 가더라도 나뭇잎의 모양이나, 크기, 지형 등에 관심이 많고, 이들을 종류대로 잘 분류하기도 한다. 이는 수렵과 채집에 의존하던 원시 사회에서 생존에 매우 중요한 기능이었을 것으로 판단된다. 왜냐하면 어떤 식물이나 동물이 먹을 수 있는지를 그들의 자연친화지능에 의존하여 알아냈어야 했을 것이기 때문이다. 현대 사회에 와서 자연친화지능은 기후 형태의 변화에 대한 감수성과 같은 것으로 드러나고 있다.
• 자기성찰지능 (intrapersonal intelligence)	자기성찰지능은 자기 자신을 이해하고, 느낄 수 있는 인지적 능력을 말한다. 사람을 대상으로 한다는 점에서 자기성찰지능은 인간친화지능과 유사한 특성을 지닌다. 하지만 자기성찰지능에서 그 대상이 남과는 구별적인 자기라는 점에서 차이가 있다. 보다 구체적으로, 자기성찰지능은 자신이 누구인가? 자신은 어떤 감정을 가졌는가? 왜 이렇게 행동하는가? 등과 같은 자기 존재에 대해 이해하는 것이다. 자기성찰지능이 높은 사람은 자아를 존중하고, 보다 나은 자아를 만들기 위해 노력하기를 즐긴다. 반면에, 자기성찰지능이 낮은 사람들은 자신을 주변환경으로부터 독립된 존재로서 인식하는 데 어려움을 겪는다.
• 공간지능 (spatial intelligence)	공간지능은 3차원의 시·공간적 세계를 정확하게 인지하는 능력을 말한다. 이는 색깔, 선, 모양, 형태, 공간 그리고 이런 요소들 사이의 관계에 대한 민감성과 관련이 있다. 공간지능이 높은 사람은 처음 방문한 곳도 다시 찾아가는 데 별 어려움을 느끼지 않으며, 시·공간적 아이디어들을 도표, 지도, 그림으로 잘 표현하는 경향이 있다. 따라서 그들은 대개 디자인, 그림 그리기, 만들기 등에서 재능을 보인다.

• 음악지능 (musical intelligence)	음악지능은 소리, 리듬, 진동과 같은 음의 세계에 얼마나 민감한지를 말한다. 음악지능이 높은 사람은 음악의 형태를 잘 감지하고, 음악적 유형을 잘 구별할 뿐만 아니라 다른 음악 형태로 변형시키기도 한다. 그들은 대개 악기 연주를 좋아하고 작곡하는 것을 좋아한다.

출처: 하워드 가드너(2007) 수정, 편집

사람들은 대개 위에서 언급한 여덟 가지 종류의 지능들 중에 한두 개 정도에서만 우위를 보이며 여덟 개의 지능이 저마다 다르게 조합되어 다른 성향을 지니게 된다고 한다(조던 아얀, 2002). 즉, 개개인은 저마다의 영역에서 특출함을 보일 수 있다. 하지만 많은 사람들이 다른 사람과의 차이를 인정하고 자기가 가진 높은 지능에 감사하고 그것을 최대한으로 끌어올리고자 노력하기보다는, 자기가 갖지 못한 지능으로 인해 주눅드는 경우, 혹은 그 반대로 자기가 가진 것이 최고인양 생각하는 경향이 강하다. 예를 들어, 높은 자기성찰지능을 지닌 사람의 경우, 자연친화적인 역량의 가치를 간과할 수 있으며, 높은 공간지능의 소유자는 자신의 재능을 낮추어 평가할 수 있다. 무엇보다 논리수학지능 및 언어지능만을 강조하는 현재의 교육체계에서 볼 때, 우리가 저마다의 특출함을 살린 창의적 개성을 얼마나 잊고 살았는지 알 수 있다. 창의성은 어떤 누구의 전유물이 아니다. 모두가 창의적일 수 있다. 자기다움을 잘 알아 최대한 실현하고자 노력하는 동시에, 그것을 남들과 협력적으로 잘 이용할 수 있는 자가 창의성의 선봉에 설 수 있을 것이다.

3) 창의성의 요소

『몰입의 즐거움』, 『좋은 일』 등의 책으로 유명한 미하이 칙센트미하이 교수는 『창의성의 즐거움』이라는 그의 저서에서 창의성은 세 가지 요소의 상호작용으로 생겨난다고 밝힌 바 있다. 다음 단락에 그 원문을 전한다.

창의성은 세 가지 요소로 구성되는 체계의 상호작용으로부터 생겨난다. 그 세 가지 요소란, 상징적인 규칙들을 포함하는 문화, 상징영역에 새로움을 가져오는 사람, 그리고 그러한 새로움을 인정하고 확인하는 전문가들로 이루어진 현장이다. 창의적인 아이디어와 발견이 나오기 위해서는 이 세 가지가 모두 필요하다. 예를 들어, 수세기에 걸쳐 축적된 천구운동에 대한 막대한 정보가 없었다면, 첨단 기술의 대형 망원경을 관리하는 연구소가 없었다면, 그리고 다른 천문학자들의 비판적인 회의론과 협조가 없었다면, 베라 루빈의 천문학적 발견은 불가능했을 것이다. 나는 이러한 요소들이 창조과정에서 개인의 창의성만큼이나 중요한 조건들이라고 생각한다.

그러므로 창의성을 이해하기 위해서는 새로운 아이디어나 물건을 창조하는 사람들을 연구하는 것만으로는 부족하다. 그들의 업적이 중요하다고는 해도 과정 속의 한 단계이며, 사실을 연결하는 하나의 고리에 불과하다. 토머스 에디슨이 전기를 발명했다거나, 앨버트 아인슈타인이 상대성 원리를 발견했다고 말하는 것은 편리하게 단순화된 설명에 불과하다. 에디슨이나 아인슈타인의 발견은 그 이전의 지식이 없었다면, 그들의 사고를 자극한 지적, 사회적 조직망이 없었다면, 그리고 그들의 발견을 인정해주고 공표한 제도가 없었다면, 결코 세상에 나오지 못했을 것이다. 상대성 원리가 아인슈타인에 의해 창조되었다고 말하는 것은 불을 일으키는 것이 불꽃이라고 말하는 것과 같다. 불꽃은 공기와 부싯돌이 없으면 타오르지 않는 법이다.

미하이 칙센트미하이, 2003, 『창의성의 즐거움』, p. 15, 16 인용

여기서 우리가 주목해야 할 것은 창의적인 개인이라는 것은 창의적 성과를 가능케 하는 세 가지 요소 중에서 단지 하나일 뿐이라는 사실이다. 기존의 수많은 관련 분야의 전문가들에 의해서 축적된 전문지식들이 없다면, 창조적 개인은 아무 것도 시작조차 할 수 없다. 어떤 개인이 낸 창의적 결과물을 면밀히 검토해줄 전문가들이 없다면, 창의적 결과물에 대한 잘못된 투자는 시간, 노력, 금전적인 측면에서 큰 낭비로 이어질 것이다.

따라서, 이 글을 통해 창조성이 누구에게나 가능한 것이라고 말했다고 하여, 창의성이 갑자기 하늘에서 내려오는 것이라는 것은 아니다. 창조성은 오랜 꾸준한 노력의 결과이다. 겉보기에 질적인 차이로 여겨지는 변화들은 실제로는 양적인 변화인 경우가 많다. 한 예로 우리는 어떤 다리가 무너져 내릴 때 그 다리가 한순간에 무너져 내린 것으로 생각한다. 어떤 질적인 변화가 있었던 것으로 생각하는 것이다. 하지만 우리는 그 사건의 진실에 좀

더 가까이 가고자 한다면, 그 다리가 오랜 시간 겪었을 진동과 하중을 고려해보아야 한다. 즉, 이것은 사실 오랜 양적인 변화의 결과인 것이다. 말콤 글래드웰(Malcolm Gladwell)도 그의 최신 저서 『아웃라이어』에서 분야에 큰 상관없이 적어도 한 분야의 독보적인 존재가 되려면 하루에 3시간 정도의 시간을 꾸준하게 10년간 투자해야 한다고 역설한 바 있다. 우리가 겉으로 보기에 어떤 유능한 사람이 한 순간 툭툭 창조적인 것을 생산해낸다고 여길지 몰라도, 우리는 그가 얼마나 오랫동안 꾸준히 그 주제와 관련된 생각을 하거나 지식을 습득하거나 경험을 해왔을까에 주목해야 한다. 하나를 알면 둘을 안다는 말보다는 어쩌면 하나를 알려면 둘이 필요하다는 문화인류학자 그레고리 베이트슨(Gregory Bateson)의 말이 더욱 설득력이 있다. 아니면 둘 이상의 것이 필요할지도 모른다.

요약하자면, 우리는 창의적인 성과를 거두는 조직을 구축하기 위해서는 조직 차원에서 구성원에게 필요한 교육/훈련을 지원할 필요가 있으며, 구성원이 장기간 몰입하여 업무에 임할 수 있도록 동기부여하고 업무환경을 조성해주어야 할 필요가 있다.

2 다음커뮤니케이션의 조직문화 변혁 필요성

본서에서는 '창조적 긴장'의 조직문화를 외부지향의 혁신형 및 시장형 조직문화의 달성을 최우선으로 하되, 이 둘을 해치지 않는 범위에서 내부지향의 위계형 및 공동체형 조직문화를 유지하여, 네 가지 조직문화들 간의 조화를 이루는 것이라고 정의하였다. 다음커뮤니케이션에 대한 조직문화 실사 결과, 현재의 다음커뮤니케이션은 비교적 건강한 조직문화를 가지고 있다. 여기에서 조직문화를 더 창조적인 모습으로 가꾸려면, '창조적 긴장'의 조직문화로 조금 수정할 필요가 있다. 왜냐하면 직책별, 직군별, 근무지역별로 조금씩 정도의 차이는 있었지만, 현재의 조직문화는 대체로 〈그림 V-4〉

〈그림 V-1〉 다음커뮤니케이션과 애플의 재도약기 조직문화 형태 차이

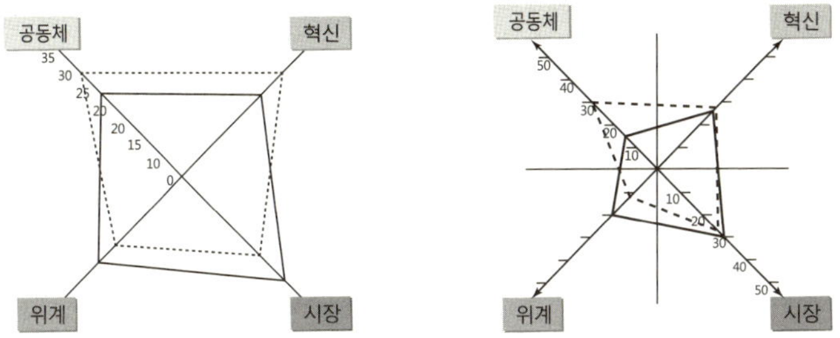

출처: 다음커뮤니케이션 애플

와 같기 때문이다. 즉, 혁신형 조직문화는 '창조적 긴장'의 조직문화를 위한 바람직한 모습보다 작게, 위계형 조직문화는 '창조적 긴장'의 조직문화를 위한 바람직한 모습보다 크게 나타나고 있기 때문이다. 또한 그 긴장관계의 정도에 있어서도 뚜렷한 변화를 보일 필요가 있다. 즉, 네 가지 조직문화에 대한 우선 순위 명확화가 요구된다. 조직구성원에게 유연성과 자율성을 주는 것이 단순히 내부 통합 및 유지를 위해서가 아니라 외부 시장에서 차별적 위치를 선점하는 것에 있음을 분명히 해야 한다. 이는 공동체문화를 줄이고 혁신형 문화를 크게 하기 위한 조치이다. 그리고 조직에 대한 관리와 안정성 확보를 조직 내부의 위계를 통해 확보할 것이 아니라 시장에 대한 보다 강력한 관심을 통해 이루어야 할 것이다. 이는 시장형 문화에 대한 추구가 위계형문화를 강화하는 방향으로 흘러가지 않도록 하기 위한 조치이다.

3 창조성의 어머니와 아버지

이론적으로 경쟁가치모형에 따른 '창조적 긴장' 조직문화 창조를 정의할 수 있다고 할지라고 이를 이룩하기란 매우 어렵다. 이를 실천적인 방향에

서 이해하는 한 가지 방법은 '창조성의 어머니와 아버지'라는 비유를 통해 가능하다. 유연성과 자율성을 강조하여 공동체형 및 혁신형 조직문화 육성을 도우나, 그 우선 순위가 혁신형 조직문화에 있는 조직문화 육성의 요소들을 창조성의 어머니라고 할 수 있다. 여기에는 감정적 지원 및 자료적 지원이 모두 포함된다. 관리 및 안정성을 강조하여 시장형 및 위계형 조직문화 육성을 도우나, 그 우선 순위가 시장형 조직문화에 있는 조직문화 육성의 요소들을 창조성의 아버지라고 할 수 있다. 즉, 창의적인 결과물들을 검증하는 조직 내, 외부의 날카로운 눈을 창조성의 아버지라고 부르겠다. 여기서 어머니, 아버지의 비유를 드는 것은 좀더 논의를 직관적으로 이해하기 편하게 하기 위함이지, 사회에서 통상적으로 지칭하는 고착화된 성역할을 의미하지는 않는다는 것을 강조한다.

1) 창조성의 어머니

(1) 감정적 지원

기업조직에서 일반적으로 회의석상에서 사원들이 스스럼없는 의견을 내놓기보다는 다들 자체검열을 거쳐 걸러지고 걸러진 이야기들을 주로 내놓으려고 하는 것은 흔한 일이다. 물론 생각과 근거 없이 아무 의견이나 무작위로 내어놓는 것을 지지하는 것은 아니다. 다만, 다소 위험한 발언일 수 있더라도 나름의 이유와 생각이 있다면, 그것을 내놓아도 되는 그런 문화와 제도를 구축하는 것이 창의적 성과를 내는 데 효과적일 수 있음을 이야기하는 것이다. 우리는 지나치게 눈치보고, 지나치게 눈 밖에 안 나려고 조심하고, 많은 것을 삼가는 분위기에 젖어 있다. 다음의 내용들이 그런 문화를 제도적으로 극복하는 데 도움이 될 수 있다.

① 실패 존중의 제도 창설

혼다 자동차 창업주인 혼다 소이치로는 '성공이란 99%를 차지하는 실패를 통해 얻을 수 있는 1%의 결과'라고 말하며 실패와 그 후 낙천적으로 재

빠르게 회복하는 것의 중요성을 역설한 바 있다. 3M은 실패에 대한 자료와 원인, 해결책을 공유한 뒤, 그 실패에 대한 축하파티를 열어주는 것으로 유명하다. 다만, 실패한 사안이 있다면 그 원인을 면밀히 조사하고, 조직원들이 공유하는 좀 더 실패에 대한 분석적이고 깊이 있는 논의가 있어야 할 것이다. 하가 시게루는 여기서 나아가 『이제는 실패학이다』라는 책에서 실패에 대한 하나의 학문 분야를 만들 필요가 있다는 것을 역설하였다. 즉, 실패 존중의 제도는 감정적 지원 측면뿐만 아니라, 자료적 지원의 측면도 가지고 있다.

② 경청에 대한 지속적인 교육제도

조직의 발전을 위해서는 난상토론하는 분위기와 자연스럽게 싸울 수 있는 분위기가 필요하다. 하지만 이 싸움은 누가 누가 상대방의 의견을 잘 들어주냐에 대한 싸움이어야 할 것이다. 의견 대립의 장을 만들어주는 것이 중요하지만, 그 전에 반드시 직원들에게 이른바 '경청 교육'을 시키는 것이 좋을 것이다. 그렇지 않다면 논쟁은 진짜 감정 싸움, 정치 싸움으로 끝날 수 있다. 경청을 통한 의견대립의 해결이 최고의 아이디어 발굴로 이어진다.

(2) 자료적 지원

채용에서부터, 완전히 한 분야에서 잔뼈가 굵은 전문가를 기업이 원하는 만큼 확보할 수 있다면, 이는 창조적 성과의 든든한 후원자가 되어줄 것이다. 따라서 경쟁기업들에 비해 높은 보수를 지급하고자 하고, 좋은 복지혜택을 누리게 하는 등의 노력을 한 조직은 계속해야 할 것이다. 하지만, 노동시장의 현실이 한 기업에게 항상 그렇게 호의적이기는 어렵다. 따라서 우리가 가진 인적자원에게 한 분야의 전문가가 되는데 매우 적합한 교육을 실시하고, 현재의 인적자원이라도 최대한 알뜰하게 적재적소에 배치하고 몰입시킬 필요가 있다. 이번 단락에서는 특히, 지식이라는 측면에서 조직이 어떤 지원을 해야 할지에 대해 살펴보겠다.

① 정보를 공유할 수 있는 네트워크의 구축–허브의 중요성

모든 사원들이 여러 가지 영역에서 두루 매우 높은 능력을 보이면 좋겠지만, 현실은 그렇지 못하다. 진화하는 문명에 따라서 우리는 팔방미인이 되기 보다는 한 가지 영역에서 두각을 나타내는 게 좋은 시대에 살고 있기 때문이다. 예를 들어 과거에는 한 명의 심리학자가 실험심리, 발달심리, 임상심리 등에 모두 관여하였지만, 요즘에 실험심리의 정통자는 발달심리, 임상심리의 영역에서 어떤 발전이 있는지 알기 어렵다. 이는 실험심리 한 분야만을 공부하더라도 해야 할 공부의 양이 넘쳐나기 때문이다. 따라서, 요즘의 시대는 네트워크의 중요성, 보다 직접적으로는, 허브의 중요성이 크게 부각되고 있다.

사회 연결망 이론의 저명한 연구자, 그라노베터는 네트워크의 연결에는 크게 '강한 연결(strong tie)', '약한 연결(weak tie)'이 있다고 하였다. '강한 연결'은 절친한 친구, 가족 등을 일컫는 말로서, 아주 끈끈한 인연의 고리를 말한다. 반면에, '약한 연결'은 그냥 서로 업무적이고 호혜적으로 주고받음의 관계를 맺을 수 있는 사이를 말한다. 그라노베터 씨의 실험연구의 결과에 따르면, 우리가 실질적으로 정보의 질과 폭을 넓혀 어떤 성과를 내는 데에는, 어떤 사람이 얼마나 광범위한 '약한 연결'들을 가지고 있는가가 중요하다고 한다.

그런데 여기서 중요한 것이 그냥 아는 사람을 늘리고 네트워크를 늘리라는 것이 아니다. 핵심은 네트워크 안에는 그렇게 많지 않은 허브가 존재한다는 것이다. 네트워크 안의 거의 대부분의 주체들이 단지 친근한 몇 개의 '강한 연결' 내지는 '약한 연결'을 가지고 있는 반면에, 허브라고 불리우는 몇몇 네트워크의 핵심 인물들은 수없이 많은 다른 사람들과 지속적으로 어떤 주고 받음의 관계를 형성할 수 있는 연을 가지고 있다. 조직적인 차원에서 조직 내부, 외부의 네트워크 지도를 시각적으로 그리고, 지금 가장 적정 허브가 운영되고 있는지, 아니라면, 누구와 누구를 이어줄 수 있는 허브가 더 필요한지 등에 대한 정밀한 조사가 있어야 한다. 즉, 대체 너는 무엇하는 사람이며, 나는 무엇하는 사람이기에 우리가 상호호혜의 관계를 맺어

나갈 수 있는지에 대한 허브를 중심으로 한 광범위한 네트워크적 접근이 필요하다.

에디슨은 "새로운 발명을 하기 위해서 가장 처음으로 할 일은 바로 기존의 것부터 공부하는 것이다."라고 말했다. 오늘날과 같은 예측하기 힘들고 빠르게 변화하는 경영환경에서 책을 잡고 앉아 모든 것을 공부하고 있을 수는 없다. 그 분야의 전문가들을 되도록 많이 진솔하게 만나 보아야 한다. 이를 테면, 경영자문으로 유명한 맥킨지 사의 경우, 이를 위해 '신속대응팀(rapid response team)'이라는 것을 만들어, 필요로 하는 능력 및 정보를 가진 사람이 어디에 있으며, 어떻게 그에게 접촉할 수 있는지를 알려주고 있다(박재호, 2007). 나 혼자서 모든 것을 할 수는 없다는 것을 깨닫게 될 때, 비로서 창의성을 위한 효율적이고 집중화된 교육이 네트워크를 통해 가능하게 된다.

② 최고의 전문가 교육을 받을 수 있는 기회 제도적 보장

나 혼자서 모든 것을 할 수 없다고 네트워크만을 믿고 있을 수는 없다. 상호호혜의 지식융합의 체계를 갖추기 위해서는 누구에게라도 거침없이 해야 "내가 가지고 있는 정보와 지식이 현재 당신이 얻을 수 있는 최고의 것이요" 하고 줄 수 있을 정도의 능력을 갖추어야 한다. 우리의 집중력이 제한되어 있다는 것을 잘 안다면, 제한된 분야에서 독보적이 될 필요가 있다. 그렇다면 조직 구성원 한 명이 어떤 한 분야에 정통한 사람이 되도록 조직은 어떤 지원을 해야 할까? 아쉽게도 조직은 이것을 알기가 매우 어렵다. 하워드 가드너 박사의 주장과 같이 여덟 가지 정도의 지능이 사람에 따라 모두 다르게 타고나 있고, 그 특출난 정도의 조합이 다양하다고 했을 때, 조직이 이를 미리 알아서 배려해주고 교육해주기란 매우 어렵다.

하지만 여기에 이 문제를 해결할만한 한 가지 대안이 존재한다. 대부분의 사람들이 누군가가 시켜서 일을 하게 되면 신명이 나지 않는다고 하는 반면에, 어떤 내면의 충동에 의해서 무엇인가를 시작하게 되면, 열정적이게 됨을 호소한다. 창조력 발휘는 자기 실현을 위한 것이다. 즉, 내가 이 세상에 태어나서 무엇을 남기고 싶은가야말로 창조력을 발휘하는 궁극적인 목표에 해당한다. 한 예로, 현악기의 장인인 안토니오 스트라디바리(Antonio Stradivari)는 베네치아 부둣가에 쌓여 있던 부러진 노 더미에서 바이올린을 만드는 놀이에 미쳐 세계적인 바이올린을 만들어냈다(스티븐 나흐마노비치, 2008). 저명한 정신분석가, 칼 구스타프 융(Carl Gustav Jung) 역시, 새로운 것의 창조는 지성이 아니라 놀이 충동에서 생겨난다고 역설한 바 있다. 그에 따르면, 창조하는 마음은 좋아하는 대상과 함께 노는 것이라고 한다. 따라서 조직은 사원들의 자기실현에 섬세히 귀를 기울일 수 있도록 제도적 장치를 마련할 필요가 있다. 그리고 그가 흥에 겨워 진정 원하는 것을 할 수 있도록 장을 마련해주어야 한다. 단기적인 손실이 있을지라도 이것을 인내해낸다면 그 조직의 장기적 생존은 좀더 희망적이다.

개인이 창조적으로 변화하려면, 자신의 변화하지 않는 부분을 먼저 찾아야 한다. 즉, 세상이 아무리 변화해도 변화하지 않는 자기만의 것이 있다. 이를 개발하는 것이 특수성을 발전시켜 창의적 성과를 내는 길이다. 예를 들어, "나는 왜 존재하는가"와 같은 궁극적인 질문은 자신이 무엇을 해야 하는지에 대한 답을 제시해주는 데 도움을 줄 수 있다. 그리고 명심해야 할 것이 역설적이게도 어떤 개인적인 변화는 개인의 노력만으로는 어렵다는 것이다. 혼자서 금연하는 것은 대단히 어렵다. 자기의 안락한 곳으로 돌아가고 싶기 때문이다. 창조성의 발휘도 마찬가지가 위험을 감수하는 행동을 유도하려면 생각했던 것만큼 그것이 위험하지 않고 자신에게 피해를 끼치지 않을 것이라는 것을 알려주어야 한다(박재호, 2007).

사원 개인의 입장에서는 자기 내면의 소리에 좀 더 귀를 기울일 수 있도록 하는 다양한 습관을 가져보는 것도 도움이 될 것이다. 자신의 내면의 목소리에 숨죽여 귀를 기울이고, 그것이 원하는 대로 가는 것은 쉽다면 쉬운 일이겠지만, 그것을 해보지 않은 사람에게는 매우 어려운 일일 수도 있다. 미묘한 것에 대한 성찰을 해보는 것도 도움이 될 수 있다. 창의적인 사람들은 대개 작은 것이라도 흥미를 가지고, 흔히 아무렇지도 않게 보고 듣고 하며 지나치는 것들에 깊은 관심을 보이는 경우도 많다. 일본의 한 인쇄회사에 근무하는 샐러리맨 요로즈 하지메는 최근 『출퇴근 전철에서 앉는 기술』이라는 책으로 화제를 모으고 꽤 많은 수입을 거둔 적이 있다. 그는 단지 복잡한 전철에서 지루함도 달랠 겸하여 어떻게 하면 앉아 갈 수 있을까를 알기 위해 인간행동들을 관찰하고 해법을 생각해보았던 것에서 그 책을 쓸 수 있었다(박재호, 2007). 그리고 자신 및 주변 사물에 대해 떠오르는 단상들을 메모해보는 습관을 가져보는 것도 좋다. 기록하지 않은 것은 금방 사라지기 쉽다. 대부분의 많은 아이디어를 내는 사람들은 대개 메모의 달인들이며, 이를 통해 끊임없이 사고하는 사람들이다. 일본 창조연구소 회장이며, 일본 교육대학원 교수인 마코도 다카하시 박사는 항상 오른손을 비워두고 있다. 이는 언제든지 펜을 쥐고 뭔가 상상의 나래를 펼칠만한 것이 떠올랐을 때 메모하기 위함이다. 가방을 항상 왼손에 메는 것도 같은 이유에서이다(박재호, 2007).

2) 창조성의 아버지

앞서 언급한 바와 같이 사원에 대한 전폭적인 지원은 매우 중요하다. 하지만 창의성을 인정받기 위해서는 엄정한 사회적 확인의 절차가 필요하다. 만약 어떤 사람이 다음커뮤니케이션 세대의 검색시장을 지배할 체계를 창조하였고, 자신의 사업모델을 설명하고 있다고 하자. 그런데 그 사람만 모를 뿐이지, 그건은 이미 5년 전에 발표되었다가 시장에서 선택받지 못한 모델이라고 하자. 만약 이런 사업모델을 들고 나왔을 때, 이것에 대해 평가해줄 수 있는 사람이 존재하지 않는다면 이는 막대한 지출을 유도할 수도 있다. 그리고 설사 굉장히 창의적인 것이라고 할지라도 시장에서 어떤 평가를 받을지를 알려줄 수 있는 그 분야 이용자의 경향에 대한 분석을 해줄 수 있는 자가 존재하지 않는다면, 더 큰 손실을 초래할 수도 있다. 따라서 우리는 '문명의 행렬에 흔적을 남기는 창의성'(미하이 칙센트미하이, 2003)이 될 수 있을지를 판단해주는 창조성의 아버지가 필요하다. 창조성의 어머니가 창조적인 결과가 나오기까지의 '과정'에 초점을 둔다면, 창조성의 아버지는 창조적인 '결과'가 과연 창조적이며 사회에 기여하는 어떤 것인가에 초점을 둔다.

이에 따라 창조적 아버지는 창조성에 대한 일종의 압박으로서 작용한다. 예를 들어, 3M은 각 사업부 매출의 30%는 개발된지 2~3년된 신규제품으로 채워야 한다는 원칙을 가지고 있다. 이와 같은 조직 문화가 '포스트 잇' 이후에도 3M이 지속적으로 발전할 수 있는 원동력이 되고 있는 것은 분명하지만, 사원들에게 이는 마냥 조직이 나를 내버려주는 존재만은 아니라는 점을 알리는 신호탄의 역할을 한다.

조직의 구성원들의 가치와 잠재력을 인정하고 창조적인 결과를 내기까지의 과정에 전폭적인 지지를 아끼지 않는 것도 사원들에 대한 강력한 믿음이 없이는 실천하기 어려운 것이지만, 창조성에 대한 냉철한 평가자를 갖는 것도 쉬운 일은 아니다. 왜냐하면, 사회의 구성원들이 조직이 창조적이라고 주장하는 것에 대해서 얼마나 큰 창조적 가치를 느낄지를 판별해주는 전문가를 찾기 어려울 수 있기 때문이다. 전문가를 찾기 힘들다면 큰 지출 없이 그 창조적이라고 여겨지는 서비스를 만들어 '시험비행'의 기간을 가져보는 것이 도움이 될 것이다.

다만, 분명한 것은 과거의 창조적 결과를 낼 가능성이 있다고 여겨지는 제품 및 서비스가 정말로 그러할지에 대한 판단은 매우 신중할 필요가 있다. 오늘에 어떤 기업을 있게 한 성공요인이 곧 미래의 그 기업의 실패 요인이 될 수 있음을 명심해야 한다. 과거 대형 컴퓨터 시장을 주름잡았던 IBM은 개인용컴퓨터 시대의 도래에도 불구하고 중대형 컴퓨터 시장에 집착하다가 1990년대에 큰 위기를 맞았다. 마이크로 소프트 사의 빌 게이츠는 "성공은 어설픈 교사다. 왜냐하면 성공을 맛본 사람들은 자신에게 실패는 없을 것이라며 확신하기 쉽기 때문이다"라고 말했다. 이는 성공을 통한 자만심의 비참한 말로를 경고한다.

제 VI 장

마치는 글

많은 기업인들과 연구자들(Tierney & Farmer, 2004) 사이에서 어떻게 하면 사원들의 창의적 태도 및 행동을 고양시킬 수 있을지가 최근의 큰 관심사 중 하나이다. 왜냐하면 사원들의 창의성이야말로 지속적이고 예측하기 힘든 최근의 경영 환경의 특성에서 지속가능한 경쟁우위를 탄생시킬 수 있는 초석으로 작용할 수 있기 때문이다. 개인의 창의적 활동은 조직 내 팀의 혁신적인 결과물로 이어질 수 있고 이는 다시 조직의 수익으로 연결될 수 있다.

조직에 대한 많은 이론들이 조직의 외부환경에 의해서 조직의 생존 및 번영이 결정될 것이라는 가정을 내포하고 있지만 기업의 전략을 담당하고 있는 사람들의 의견은 이와 달랐다. 기업은 환경의 변화에 수동적으로 적응해나가는 존재가 아니라, 환경의 변화를 주도해 나가는 주체로서 활동할 수 있다는 것이 그들의 생각이었다. 최근의 많은 기업전략 연구자들(Teece, 2007) 역시 이러한 실무자들의 직관적 견해에 동의하며 이른바 '동태적 능력관점'이라는 이론을 제시하고 있다. 자원기반관점(resource based view)에 기초를 두고 발전한 최근의 동태적 능력 관점(dynamic capabilities framework)의 지지자들은 지속가능한 경쟁우위 그 자체의 존재가 아니라, 그것을 어떻게 개발하고, 그것을 어떻게 수익으로 이어갈 것인지에 대해 논의할 필요성을 공감한다.

인터넷 기업들의 경쟁 환경은 매우 불확실하고, 언제든지 참신한 지적활동의 결과물에 의해서 그 흥망이 역전될 수 있기 때문에 사원들의 창의적 태도와 행동들이 매우 중요시된다고 할 수 있다. 본서는 창의적 인적자원 양성 및 활용하는 수단으로 '창조적 긴장'의 조직문화를 정의하였으며, 그와 부합하는 인적자원관리 방안과 아이디어를 제시하였다. 나아가 다음커뮤니케이션의 사례를 통해서 현실에서 이를 어떻게 구현해야 할지도 생각해보았다.

그 과정에서 본서에서는 경쟁가치모형을 이용하여 다음커뮤니케이션의 조직문화를 진단하였다. 사원들이 인식하는 현재 문화와 바람직한 문화 사이에 약간의 문화격차가 존재하기는 하였으나 전반적으로 다음커뮤니케이션의 문화격차는 크지 않은 수준이며, 인사시스템과 조직문화가 매우 체계적이고 효과적으로 작동하고 있는 것으로 판단된다. 여기에 창조적 조직문화를 더하여 새로운 혁신을 계속 이어간다면, 다음커뮤니케이션은 더욱 높게 비상하는 기업이 되리라 본다.

참고문헌

저서

강병준, 2008, 『구글 VS 네이버 검색대전쟁』. 전자신문사.

김성수, 2010, 『한국기업의 성과주의 인사시스템 변천』, 서울대학교출판부.

김성수, 2009, 『사원 만족도 관리 전략: 예스코의 변화관리』, 서울대학교출판부.

데이비드 A. 바이스·마크 맬시드, 2006, 우병헌 역, 『구글, 성공 신화의 비밀』, 황금부엉이.

리처드 포스터·사라 캐플런, 2003, 정성묵 역, 『창조적 파괴』, 21세기북스.

말콤 글래드웰, 2009, 노정태 역, 『아웃라이어』, 김영사.

미하이 칙센트미하이, 2003, 노혜숙 역, 『창의성의 즐거움』, 북로드.

박재호, 2007, 『창조의 심리학』, Pegasus.

스티븐 나흐마노비치, 2008, 이상원 역, 『놀이, 마르지 않는 창조의 샘』, 에코의 서재.

윤석철, 2001, 『경영학의 진리체계』, 경문사.

안토니 브라미스·밥 스미스, 2001, 오문길·최병호 역, 『검색 대전쟁』, 물푸레.

이주호, 2000, 『야후 100% 활용하기』, 매일경제신문사.

임원기, 2007, 『네이버, 성공신화의 비밀』, 황금부엉이.

장정훈, 2007, 『네이버 스토리』, NEWRUN.

조던 아얀, 2002, 박종안 역, 『아하! – 일상생활에서 발견하는 창의력의 8가지 원천』, 21세기북스.

존 바텔, 2005, 신윤조·이진원 역, 『검색으로 세상을 바꾼 구글스토리』, 랜덤하우스코리아.

하워드 가드너, 2007, 유경재 역, 『다중지능』, 웅진지식하우스.

한국인터넷진흥원, 2007, 『2007한국인터넷백서』, 한국인터넷진흥원.

한국인터넷진흥원, 2008, 『2008한국인터넷백서』, 한국인터넷진흥원.

허지원, 2007, 『디지털콘텐츠산업 발전을 위한 포털의 과제』, 산은경제연구소.

Kim S. Cameron, & Robert E. Quinn, 1999, *Diagnosing and Changing Organizational Culture Based on the Competing Values Framework.* Addison-Wesley.

논문

김성수, 2010, 「혁신+시장: 한국형조직문화만들기」, *Dong-A Business Review* 53: 24-27.

이상훈·김형진·이호근, 2007, 「인터넷 비즈니스 리더의 수성(守成) 전략: "선택과 집중"-㈜다음커뮤니케이션」, 『경영교육연구』 10(2): 21-46.

이호근·이승창, 2003. 「지속적인 고객가치 창조를 위한 인터넷 비즈니스 모델의 전환전략-㈜다음사례」, 『경영교육연구』 7(1): 153-180.

Barney JB. 1991. "Firm resources and sustained competitive advantage." *Journal of Management* 17(1): 99-120.

Dietrich A. 2004. "The cognitive neuroscience of creativity." *Psychometric Bulletin & Review* 11(6): 1011-1026.

Eisenhardt KM, Martin JA. 2000. "Dynamic capabilities: what are they?" *Strategic Management Journal* 21: 1105-1121.

Granovetter M. 1973. "The strength of the weak ties." *American Journal of Sociology* 78(6): 1360-1380.

Teece DJ. Pisano, G. Shuen A. 1997. "Dynamic capabilities and strategic management." *Strategic Management Journal* 18(7): 509-533.

Teece DJ. 2007. "Explicating dynamic capabilities: the nature and microfoundations of(sustainable) enterprise performance." *Strategic Management Journal* 28: 1319-1350

Wenerfelt B. 1984. "A resource-based view of the firm." *Strategic Management Journal* 5(2): 171-180.

Zollo M. Winter SG. 2002. "Deliberate learning and the evolution of dynamic capabilities." *Organization Science* 13(3): 339-351.

Tierney, P., & Farmer, S. M.(2004). "The Pygmalion process and employee creativity." *Journal of Management*, 20, 413-432.

인터넷

구글 홈페이지(www.google.co.kr)

네이버 홈페이지(www.naver.com)

다음 홈페이지(www.daum.net)

랭키닷컴 홈페이지(www.rankey.com)

메트릭스 홈페이지(www.metrix.co.kr)

야후코리아 홈페이지(www.yahoo.co.kr)

코리안클릭 홈페이지(www.koreanclick.com)

한국방송영상산업진흥원 홈페이지(www.kocca.kr)

찾아보기

Abstract

Strategic Human Resource Management at Daum Commanications

Seongsu Kim

Daum Communications was founded by Jaewoong Lee in 1995. The company faced the turning point when it started the famous Hanmail service in 1997. The free email service was an instant hit and attracted 1 million members by the end of 1998. Based on the initial success, Daum Communications introduced a series of successful services and became a major player in the Internet service industry with over 38 million members.

In this book, human resource management strategies and organizational culture of Daum Communications is presented and analyzed in detail. The nature of the business directedDaum Communications to put a priority on attracting and retaining creative and talented personnel. Unlike traditional Korean companies, Daum Communications emphasizes on variety of corporate aspects such as open communication, creativity, fun, ethics, and social responsibility. The company also introduced human resource practices that set apart from conventional practices. Korean employees conventionally call each other using position titles after the surname.This practice has been thought to strengthen the hierarchical culture in Korean organizations. However, at Daum Communications, employees do not use position titles when addressing each other. Instead, they use the first names and 'nim'(honorific post-fix referring to a person) after the name to foster an atmosphere of open communication and arm's length relationship.Daum Communications also actively utilize non-face-to-face communication methods such as messenger programs and conference calls to facilitate free communication and speedy decision-making.

In this book, the organizational culture of Daum Communications is also analyzed using competing values model developed by University of Michigan professors Robert Quinn and Kim Cameron. The competing values model uses flexibility-control dimension and internal orientation-external orientation dimension to categorize organizational culture into four different types: Clan, Adhocracy, Market, and Hierarchy. Using this model, Daum Communications was found to have relatively modest culture gap, the measurement of the difference between current and preferred culture of the company. In general, employees were found to favor more emphasis on clan and adhocracy cultures and less emphasis on market and hierarchy cultures. Detailed analyses and policy recommendations are provided in the book.

::발간사

서울대학교 경영연구소의 '한국기업경영사 연구사업'은 한국기업경영에 대한 역사적 연구를 통하여 우리나라 기업경영의 역사와 변천과정, 그리고 이의 성과를 평가하고 미래발전에 대한 시사점을 제시하는 것을 기본 목적으로 시행되었으며, 그 연구의 결과로 본 총서 시리즈를 발간하게 되었습니다.

한국기업의 성장 발전은 과거 30~40년 사이에 매우 빠르게 이루어져 한국경제 성장을 견인하여 왔으나, 한국기업의 발전과정에 대한 체계적인 연구는 이루어지지 않은 것이 오늘의 현실입니다. 역사를 모르고선 우리나라 기업경영의 미래와 발전을 바랄 수 없습니다. 본 총서는 우리 기업의 발전과정에 대한 체계적인 연구를 통하여 선진외국으로부터 1950년대 후반부터 도입된 경영학과 경영기법들이 한국적 토양에 어떻게 정착되었는지를 고찰하고, 향후 지속적인 발전을 위한 학문적 연구방법 및 한국기업경영의 방향을 모색하였습니다.

본 연구를 토대로 서울대학교 경영연구소는 명실상부 한국기업경영사연구의 중추적 역할을 수행하며, 대학과 연구소의 국제적 경쟁력과 위상을 높일 수 있을 것으로 사료됩니다.

본 연구는 2004년 3월부터 42명의 서울대학교 경영대학 교수와 외부기관의 박사급 이상의 연구원이 공동으로 연구를 하였고, 주제는 산업별 역사, 기업경영사, 기업정책의 변천사 등을 총망라하였습니다.

본 연구총서가 학문적으로 국내외에서 유용한 연구자료로 활용됨은 물론이고, 우리 기업의 성장과정을 직접 체험한 기성세대에게 있어서 기업의 성장 발전과정에 관한 지식을 체계적으로 전달하고, 차세대 젊은이들에게도 유용한 정보를 제공하여 미래 한국기업경영의 방향을 모색하는 데 유익한 자료가 되길 바랍니다.

끝으로 밤을 밝히며 연구에 매진하여 훌륭한 연구실적을 내기까지 노력과 수고를 아끼지 않은 저자 여러분과, 본 연구를 위하여 기꺼이 연구비를 출연하여 주신 SK 그룹, 현대자동차그룹, 삼양사에도 심심한 감사를 드립니다.

2005년 7월

서울대학교 경영대학 학장

서울대학교 경영연구소 소장

:: 저자 약력

김성수

서울대학교 경영학과 졸업

미국 University of Chicago 경영학 석사

미국 University of California, Los Angeles (UCLA) 경영학 박사

1997-현재 서울대학교 경영대학 교수(전공분야: 인사조직)

수상

대한민국학술원 우수도서 선정, 2008

Mercer 최우수논문상(Mercer Award), 2004

한국인사조직학회 국제학술상, 2002

미국 경영학회(Academy of Management) 최우수논문상, 1997

저서 및 논문

「인적자원 아키텍쳐가 조직유효성에 미치는 영향」. 『노사관계연구』 13(2): 123-142. 2002.

「성과급 제도의 동향과 전망」. 『경영논집』 37(1): 29-44. 2003.

『전략적 인사관리』. 서울대학교출판부. 2006.

『한국기업 성과급제도의 변천』(공저). 서울대학교출판부. 2007.

「경영시스템의 변화와 혁신: Transformations of SK」. 『서울대학교 경영연구소 사례시리즈 2』. 우듬지. 2008.

『사원 만족도 관리 전략: 예스코의 변화관리』. 서울대학교출판부. 2009.

『한국 제약기업의 변화와 도전: 한올제약의 전략적 선택』. 서울대학교출판부. 2009.

서울대학교 경영연구소 기업경영사 연구총서

01 한국기업 배당정책의 변화 | 최도성·김성민

02 한국기업의 서비스 품질 평가제도 변천과정 | 이유재·라선아

03 한국 브랜드의 진화 및 발전 | 김재일

04 한국 백화점 역사 | 김병도·주영혁

05 한국 인터넷 기업의 변천사: 네트워크 경제의 실험과 형성 | 안중호·양희동·오상조·김은진

06 우리나라의 기업공시제도: 공정한 거래와 투명한 정보제공 | 윤계섭·허희영

07 한국 PC산업의 발전과정 | 김상훈·오정석

08 한국기업 해외직접투자 전략의 변천 | 이동기·박남규·조영곤·김동희

09 한국기업의 ERP 도입과 운영의 변천사 | 안상형·이창희·최강화

10 한국 팀제의 역사, 현황과 발전방향 | 박원우

11 기업세무전략에 대한 실증 | 정운오·박종일·박찬웅

12 한국기업의 특허전략 변화 | 송재용·신현한

13 한국기업 성과급제도의 변천 | 김성수·박찬희·김태호

14 한국 온라인게임산업의 발전과정과 향후 과제 | 노상규·위정현

15 한국 이동통신 서비스 및 단말기 산업의 변천과 발전방향 | 박철순·김성훈

16 우리나라의 회계감리제도 | 이창우·유재규·고종권

17 개성상인의 현대경영학적 재조명 | 주우진

18 한국 기업의 임금관리 | 최종태·박준성·이준우

19 한국 장수기업의 성공사례: 삼양사 기업경영사 연구 | 신유근

20 한국 전자산업의 마케팅 발전 과정 | 임종원·이한석·송상연

21 한국 기업의 인사평가 변천사 | 박오수·김기태·전병준

22 한국 자동차산업의 제품혁신 역사와 애프터마켓 | 김수욱

23 한국 기업의 경영 정보 시스템 변천사 | 장정주 · 권순동

서울대학교 경영연구소 기업경영사 연구총서

24 한국 제약기업의 변화와 도전: 한올제약의 전략적 선택 | 김성수

25 사원 만족도 관리 전략: 예스코의 변화관리 | 김성수

26 한국기업의 경영사례 | 김수욱 · 이동기 · 조재호 · 김태웅 · 박재석 · 박지영 · 왕수봉 · 윤선흠 · 조정은

27 네오위즈의 인사관리 | 김성수

28 한국기업의 성과주의 인사시스템 변천 | 김성수

29 다음커뮤니케이션의 전략적 인사관리 | 김성수

30 현대카드·현대캐피탈의 변화와 혁신 | 김성수